ESTR

ENTENDERLO ES MANEJARLO

MW01531272

El Dr. **Luis Vargas Fernández** endocrinólogo, es miembro de la Pontificia Universidad Católica de Chile desde estudiante de medicina a profesor, decano y Doctor Scientiae et Honoris Causa, manteniendo permanentemente investigación en estrés y diabetes. Recibió en Chile el Premio Nacional de Ciencias 1985.

El Dr. **Carlos Cruz Marín**, psiquiatra y Magister en Salud Pública, es docente e investigador en ambas áreas en la Pontificia Universidad Católica de Chile. Se ha dedicado a la divulgación de la Salud Mental y ha creado centros de atención psiquiátrica y psicológica. Colaborador del Dr. Vargas en el tema Neurotransmisión del estresor a través del cerebro.

ESTRES

ENTENDERLO ES MANEJARLO

Carlos Cruz Marín y Luis Vargas Fernández

Alfaomega

EDICIONES
UNIVERSIDAD
CATÓLICA
DE CHILE

"ESTRES. Entenderlo es manejarlo"
Carlos Cruz Marín, Luis Vargas Fernández

ISBN: 956-14-0519-9, edición original publicada por
© **Ediciones Universidad Católica de Chile**
de la Pontificia Universidad Católica de Chile

© **2001 Alfaomega Grupo Editor, S. A. de C. V.**
Pitágoras 1139, Col. del Valle, 03100 México D. F.

Miembro de la Cámara Nacional de la Industria Editorial Mexicana
Registro No. 2317

Internet: **http://www.alfaomega.com.mx**
Email: **ventas@alfaomega.com.mx**

ISBN 970-15-0612-X

Impreso en México - Printed in Mexico

ARISTÓTELES

La pasión (emoción) es la experiencia que compromete al cuerpo y al alma, el sentimiento, sólo al alma y pensamiento.

(384-322 A.C.)

(FIGURA 1)

EPICURO

Define Malestar y Bienestar, siendo este último:
"La salud del cuerpo con la tranquilidad del alma".

(341-270 A.C.)

(FIGURA 2)

*"Toda pasión (emoción)
experimentada por el alma
tiene su contraparte corporal."*

René Descartes

(1596–1650)

Pensamos que:

El estrés del siglo XX, provisto de abundantes estresores psicológicos (agentes causales), requiere de un cambio profundo que va más allá del estrés primitivo programado para "**atacar o arrancar**". Ante tan grande desafío el homo sapiens se transformará en conductual, buscando desarrollar nuevas respuestas adaptativas que lo habiliten para mantener su salud mental.

Luego:

Comprender y saber conducir el estrés psicológico, requiere entenderlo, algo necesario para poder seguir siendo **homo sapiens conductualis.**

LOS AUTORES

Agradecimientos

Los AUTORES deseamos expresar nuestros más sinceros agradecimientos a todos aquellos que de alguna manera apoyaron este proyecto. Queremos destacar en particular al Instituto de Ciencias Biológicas de la Pontificia Universidad Católica de Chile y en él, a Sylvia Soto García, secretaria del Laboratorio de Bioquímica Celular y Genética, quien transcribió al computador gran parte del manuscrito.

Ciertamente que el libro no se habría editado sin el respaldo otorgado por el Laboratorio Farmacéutico Pharmacia & Upjohn, que confió en nuestra iniciativa desde sus comienzos.

Finalmente, nuestros esfuerzos fueron acogidos por Ediciones Universidad Católica de Chile, la cual ha prestado un apoyo profesional invaluable. No es, pues, coincidencia, que hayan transcurrido 21 años desde que el Dr. Luis Vargas F. publicara su primer libro sobre estrés con la Pontificia Universidad Católica de Chile.

Presentación

Este libro lo hemos escrito pensando que para **manejar** el estrés (E.) es necesario **conocerlo**. Siguiendo esta línea de pensamiento se dan la base científica y los conocimientos pertinentes, en la perspectiva que al tener una visión de cómo se genera el estrés y cuáles son sus principales manifestaciones externas, se podrá lograr un mejor manejo.

Hemos adoptado una postura de recuperación histórica que parte con Epicuro y sus nociones de bienestar, siguiendo con Descartes y su magnífica intuición de cómo el hombre responde a las demandas del medio, para luego acercarnos al presente siglo y destacar el gran aporte de Walter Cannon y en tiempos más recientes de Hans Selye, quien es considerado el gran investigador en esta área. A partir de sus planteamientos, el progreso del conocimiento del E. ha sido sostenido. Hoy ya está reconocido como un factor de respuesta humana de impacto individual y social, como agente productor de alteraciones de la salud que causa una menor productividad laboral, sea a través de un mayor ausentismo, enfermedades psicosomáticas o errores en el propio desempeño. En EUA se ha estimado que tiene un costo anual de 150 billones de dólares.

Lo anterior confirma lo que sostuviéramos con Marcelo Trucco en forma pionera en Chile en 1977, respecto al gran futuro que tendría el E.

Los autores nos hemos esforzado en presentar el tema con la mayor simplificación, pero sin renunciar a la actualización en los respectivos conocimientos.

C.C.M.
L.V.F.

Nota aclaratoria

La creación del presente libro ha significado en lo humano un encuentro entre dos generaciones: Luis Vargas es un testigo preclaro de este siglo y que ha desarrollado una labor pionera en la ciencia en Chile, labor reconocida por su Universidad y por la comunidad científica al otorgarle el Premio Nacional de Ciencias en 1985. Es además un hombre visionario que se proyecta al próximo siglo con una postura de avanzada. Son estas cualidades las que han permitido a un psiquiatra, que nació con los primeros satélites espaciales, establecer un diálogo fructífero y creativo. Su profundo conocimiento del organismo lo complementa con una visión de la persona en su complejidad, con concepciones generalmente atribuidas a los estudiosos de la conducta humana. Espero que mis conocimientos y experiencia psiquiátrica hayan sido útiles para enriquecer el aporte fundamental del Profesor Vargas a la teoría del E., área multidisciplinaria en la cual acogemos lo planteado por el Dr. Fernando Lolas: "La investigación sobre estrés debe verse no como una disciplina sino como una **orientación**. En ella se producen **colisiones** entre **marcos referenciales distintos y métodos dispares**" (1995).

C. C. M.

Contenido

PARTE 1
El estrés desde un punto de vista psicofisiológico y fisiopatológico

PARTE 2
Aspectos psicológicos y Psicopatológicos del estrés

Parte 3
Cómo prevenir y manejar el estrés

Introducción

Historia del concepto

Las primeras publicaciones de **Hans Selye** (1935-1946-1956) que dieron el impulso científico al E., junto a los conocimientos previamente aportados por **Walter Cannon**, el eximio fisiólogo de Harvard, fueron rechazadas fuertemente por parte de médicos y científicos. La palabra **stress**, ya empleada por Cannon (1914), fue objetada en Francia y en los países latinos. Sin embargo, no se pudo encontrar una palabra que la substituyera. Selye elaboró el "**general adaptive syndrome**" (GAS), que fue ridiculizado como nada más que "gas", del cual nada quedaría. En esta excesiva reacción se juntó la resistencia a lo nuevo, con la innovación conceptual revolucionaria que destruía conceptos establecidos ¿cómo va a ser posible que causas tan variadas como físicas, químicas, infecciosas, traumáticas o psicológicas, vayan a producir una respuesta similar?

En medicina, un virus, una bacteria es responsable de una enfermedad bien definida, por ejemplo, el neumococo puede producir neumonía. Así el "GAS" era fantasía encubierta en la palabra síndrome. Sabemos que se prefiere la rutina a lo nuevo. El tiempo se encargó de confirmar los hechos experimentales de Selye. El tiempo moduló la resistencia y el "GAS" se transformó en una corriente de publicaciones excepcionales. Como en pocos eventos de la medicina esta corriente, de increíble fecundidad, se mantiene hasta nuestros días. Disminuida la fase de aportes bioquímicos y fisiológicos, se ha iniciado **una fase de investigación cerebral y de aplicación de la biología molecular** que está despertando renovado interés. Los numerosos libros aparecidos en EUA., algunos ya en su quinta edición dedicados al público, demuestran el interés en el tema del E.

Síndrome general
de adaptación (S.G.A.)

Reproducción del texto "THE STRESS OF LIFE"
de Hans Selye, 1956. Traducción Libre

"El CURSO DE LA RESPUESTA DEL ESTRES ES TRIFASICA"

"Si seguimos el desarrollo del S.G.A. (G.A.S. en Inglés), podemos ver que se desarrolla a través de un curso trifásico típico. Para ilustrar esto yo destaqué que si un animal es expuesto continuamente a un estresor (por ejemplo, frío), la corteza suprarrenal descarga primero todos los gránulos microscópicos de grasa que contienen las hormonas corticales (reacción de alarma), para luego cargarse de innumerables gotas de grasa (Etapa de Resistencia) y al final los pierde nuevamente (Etapa de Agotamiento). Como se puede ver, la misma curva trifásica representa las manifestaciones del S.G.A.

La siguiente figura ilustra esto gráficamente:

En la fase aguda de la Reacción de Alarma (R.A.), la resistencia general a un estresor particular que ha originado el S.G.A., cae bajo lo normal. Entonces, a medida que se adquiere la adaptación, en la Etapa de Resistencia (E.R.), la capacidad para resistir aumenta considerablemente sobre lo normal. Sin embargo, eventualmente, en la Etapa de Agotamiento (E.A.), la resistencia cae bajo lo normal nuevamente.

Importancia del ESTRES   (Vargas 1988)

Decíamos que la medicina del futuro va a estar orientada a **normalizar a seres sanos**, desajustados por el acoso diario de diferentes estresores. En esta perspectiva el E. cobra importancia especial en Medicina. En todo caso, el ser humano enfrenta una realidad muy distinta de las pasadas centurias, donde se producían masivas infecciones epidémicas que diezmaban a las poblaciones. Resulta decisivo pensar que la salud dependerá de la **sabiduría individual** para responder y adaptarse a las exigencias modernas, una noción acuñada por W. Cannon (1939). Pareciera así que las actuales enfermedades serán sobrepasadas por otras de origen sicológico, cada vez más frecuentes. Por otra parte, el ciclo de vida individual se ha prolongado, algo que apoya que se está alcanzando una **adaptación positiva**. De todos modos, persistirán las diferencias personales, porque cada individuo es portador de una constitución genética única. Lo mismo es válido para la respuesta del E., donde unos la superan y otros sucumben.

Considerado así, el E. psicológico aparece como algo tan frecuente que es captado por el público como una **enfermedad moderna** y no como mera respuesta fisiológica, comprendida esta enfermedad como males contrarios al **bienestar**. En este sentido, podemos encontrarnos en una **evolución psicosocial propia del siglo** xx y para la cual tenemos que desarrollar una nueva adaptación. Hay que tener amplitud mental para cambiar, porque el estresor psicológico exige una gran adaptación en la reacción del E. Esto requiere un **procesamiento** interior, donde se barajen diferentes estresores que pueden ocasionar ansiedad, hostilidad o depresión, reacciones propias de la especie humana.

Lo nuevo reside en el permanente desafío de orden psicológico y que a veces resulta incontrolable para las disposiciones personales.

Estructura del libro

El presente libro ha sido estructurado en **tres** grandes partes que esperamos faciliten al lector el acercamiento al tema.

La **primera parte** está dedicada a describir y analizar el E. desde sus **componentes psicofisiológicos**, aportando no sólo información sino una postura frente a los resultados y su posible interpretación. De este modo, el lector verá que nos hemos atrevido a **plantear una definición de estrés propia** y será él quien decidirá si se aplica a su experiencia de vida. Esta primera parte se completa con un **modelo de investigación experimental** en animales acerca de las potencialidades patológicas (generadora de enfermedad) del E. en la diabetes, que ha sido desarrollada por uno de los autores durante más de tres décadas (L.V.F.).

La **segunda parte** se aboca a definir qué es lo más característico del E. en lo **psicológico**, cuestión no desprovista de dificultades, como el lector podrá apreciar cuando lea sobre este tema. Sin embargo, nuevamente hemos optado por tomar una postura acorde con nuestra definición de E. y pensando siempre que nuestras ideas ayuden a las personas a una mayor autocomprensión. Esta segunda parte termina con una descripción de las **enfermedades relacionadas con el E.** y las actuales posturas de cómo considerarlo en la evaluación de un paciente y su situación vital particular.

La **tercera parte** del libro está dedicada al **manejo del E.** en la vida diaria de cada uno. Hemos subdividido esta parte en dos capítulos porque hacemos énfasis inicialmente en la prevención del E. en cuanto **adoptar un estilo de vida "protector"** contra los estresores diarios, para luego describir medidas prácticas que puedan facilitar al lector **controlar la tensión** generada del enfrentamiento con el E., a fin de aliviarla.

Parte 1

El Estres
Desde un punto de vista psicofisiológico y fisiopatológico

Capítulo 1

EL E MIRADO POR DENTRO:
UNA PERSPECTIVA PSICOFISIOLÓGICA

Se puede tener una noción vaga sobre lo que significa E., pero insuficiente para saber qué es. Entonces ¿qué es el E.? Para unos es enfermedad (del tipo psicosomático); para otros tensión, nerviosismo, cansancio, surmenage o sufrimiento. Puede decirse que el E. tiene todos estos ingredientes, lo que conduce a una ambigüedad que nada ayuda.

Esta complejidad ha hecho muy difícil lograr una definición adecuada. Los libros revisados evitan dar una definición y entran directamente a dar medidas que puedan aliviar el E.

El orden lógico va por entender qué es el E., porque una vez que lo conocemos, podemos entenderlo. **Quien lo entienda lo podrá controlar a su manera.**

¿QUE ES EL ESTRES (E.)?

Hemos observado que los autores que han tratado de adelantar una definición, generalmente han sido influidos por la disciplina que cultivan. Así, las definiciones son más fisiológicas o más endocrinológicas, o más psicológicas o más sociales. Hans Selye, descubridor del E. en su componente endocrino-hormonal y de reconocida originalidad, dio en 1946 una primera definición del E. que es una microsíntesis descriptiva de lo mucho que él conocía sobre la reacción endocrina, pero que no conforma una definición (*figs. 3a, 3b, 4a, 4b*).

En las siguientes definiciones introdujo agregados que procuraban precisar el concepto de **inespecificidad** que tanto le interesaba desde sus primeras observaciones en pacientes, los cuales al iniciar enfermedades infecciosas presentaban fiebre, malestar, dolor de cabeza y aceleración del pulso. Selye puso su atención en algo tan común que nadie tomaba en cuenta, naciéndole la idea de la inespecificidad, concepto que lo persiguió en sus comentarios y definiciones. P. ej., cuando afirma que **"la inespecificidad de la demanda, como tal, es lo esencial del E."** (1974), estamos frente a una afirmación dis-

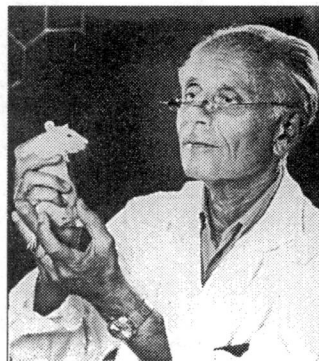

FIGURA 3a
HANS SELYE (1907-1982) descubridor de la participación neuroendocrina en la respuesta del E. y gran divulgador del concepto de E.

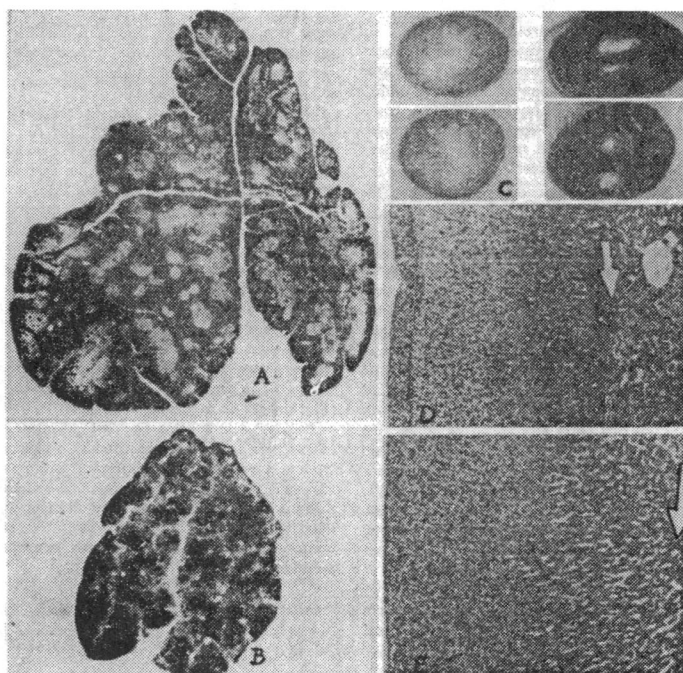

FIGURA 3b
Estrés mirado por dentro.
Figura clave de Timolísis e Hipertrofia de suprarrenal, que marca el descubrimiento inicial hecho por Selye y abre el tema del E.
Selye, 1946.

Descenso de peso corporal en relación a estresores menores (incisión) y a mayores (frío) donde la caída del peso es de 45 g (peso del control = 200 g) en 7 días

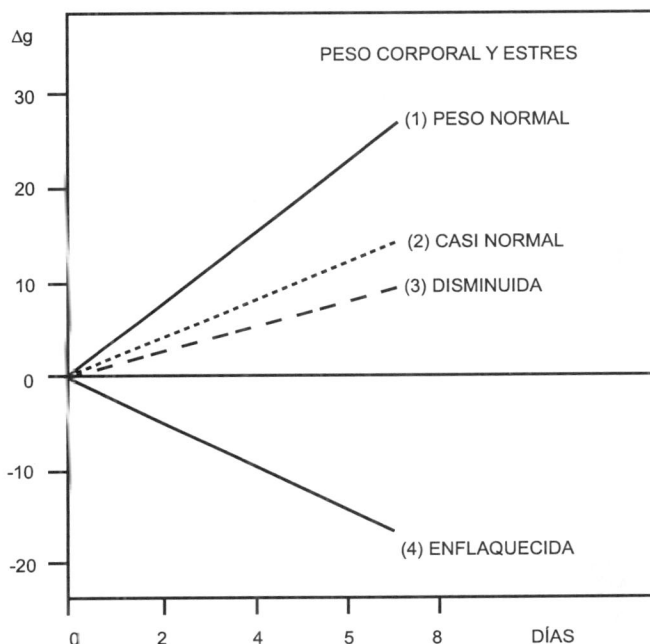

FIGURA 4a

1 = control; 2 = Incisión; 3 = Quemaduras; 4= Frío

cutible; si por demanda se entendiera al estresor, nos parecería correcta la afirmación, pero para Selye demanda es respuesta. Pensamos que la inespecificidad es una importante característica del estresor, sea éste físico, químico o psicológico, pero no es lo fundamental del E. Veíamos que Selye se refiere a la respuesta, la cual no es inespecífica, puesto que la reacción del sistema neuro-endocrino es típica del E. Ya en 1975 M. Mason, otra autoridad en la investigación del E., discutía la noción de inespecificidad de Selye, quien afirmara posteriormente: "E. es la suma de las **respuestas inespecíficas** del organismo que se producen por la acción prolongada del estresor" (1974). Aquí define con claridad a la demanda como respuesta y no al estresor, conclusión contraria a la nuestra donde el estresor es lo inespecífico. El malentendido se amplifica por el uso de la palabra demanda, más apropiada para lo económico que lo biológico.

Efectos del E. sobre el peso corporal y sobre distintos órganos de la rata
(Tomado de Vargas, 1982)

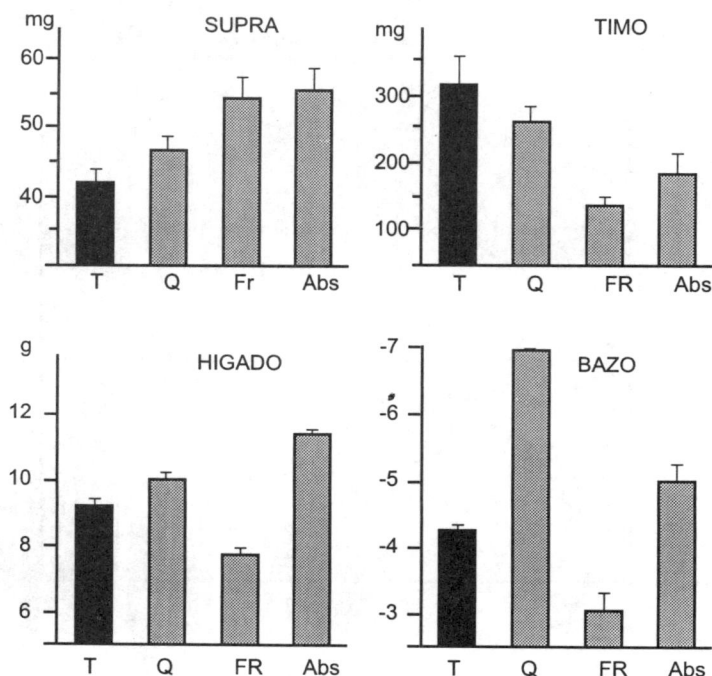

FIGURA 4b

Ratas sometidas a E. por contención (7 días, repetidos una vez diaria por 60 min).
El peso de los órganos varía según el estresor empleado.
T = testigo (sin estresor). Q = quemadura, Fr = frío, Abs = absceso subcutáneo.

Posteriormente reduce excesivamente la redacción de la definición hasta terminar por decir que: **"el E. es una respuesta inespecífica del cuerpo ante cualquiera demanda"** (Selye, 1974). Tal definición no explica lo que es el E. y nos parece confusa porque ahora demanda pasa a ser estresor y es válida hasta para el arco reflejo.

Cuando le escribíamos diciéndole que los estudiantes no entendían su definición, él argumentaba que creía que era lo que mejor sintetizaba el E. (pero, por supuesto, para personas conocedoras del E).

En todo caso se trata de una definición insuficiente que no deja en claro la distinción entre el estresor y la respuesta y donde lo que objetamos es la "inespecificidad".

El problema nos estimuló a proponer una definición que procurara incorporar lo más típico del E. De esta manera, elaboramos la siguiente definición: "**E. es el comportamiento heredado, defensivo y/o adaptativo, con activación específica neuro-endocrina ante el estresor amenazante** (1994) *(figura 5)*.

En esta definición el **estresor** nos parece más preciso que demanda y está incluido en la **amenaza**, que pone en juego un programa grabado en los genes y que tiene la característica de inducir un comportamiento instintivo, básico para iniciar la respuesta. Contrariamente a Selye, para nosotros la reacción neuro-endocrina tiene características específicas, pues es sólo en el E. donde aumenta la actividad hipotalámica-hipofisaria con descarga hormonal desde la hipófisis de la **hormona trófica para la corteza adrenal** (en inglés=adrenal-cortico-trophic-hormone o **ACTH**), que actúa sobre la corteza suprarrenal, timo y ganglios linfáticos, con modificaciones inmuno-hematológicas (véase *figura 3b*). **La respuesta hipofisiaria depende del tipo de estresor**, lo que es interesante ya que a veces la ACTH va junto con la **hormona de crecimiento** y otras veces no, sucediendo algo parecido con la **hormona vasopresina** *(figura 6)*.

Tal respuesta contradice la noción de "inespecificidad" y es neuro-endocrina porque va junto con la estimulación del **sistema nervioso autónomo** que comanda a la adrenalina, hormona secretada por la **médula suprarrenal** y reforzada en la periferia corporal por la **noradrenalina**, secretada en las ter-

FIGURA 5
Representación de los componentes de la definición.

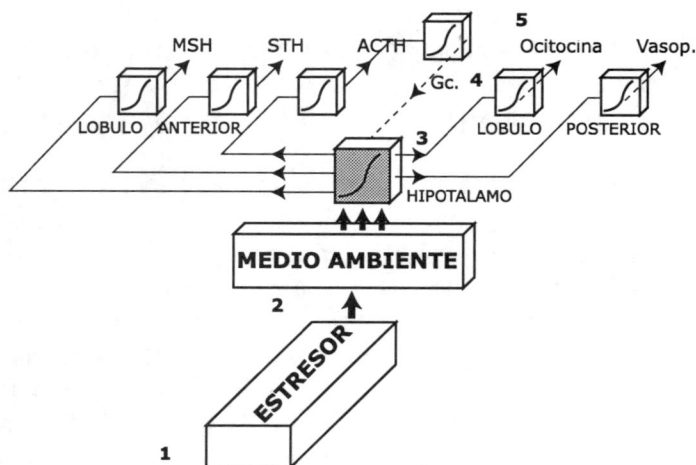

FIGURA 6

Visión esquemática de lo que está sucediendo en la "caja negra"
Hipotalámica y de los efectos del flujo de salida.
El estresor llega reforzado al hipotálamo moviendo su punto de normalidad y
estableciendo un nuevo ajuste regulatorio con hipersecreción de las hormo-
nas liberadoras, que a su vez actuarán en sus respectivas células hipofisiarias.
Regulación retroalimentación negativa ("feed-back"), sólo para el ACTH.
1)Estresor; 2) medio ambiente; 3) hipotálamo; 4) hipófisis; 5) suprarrenal.

minaciones de las fibras adrenérgicas (o simpáticas). Reproducimos la figura esquemática de Selye, quien con notable originalidad ya reconoce que la ACTH es la hormona representativa del E. *(figura 7)*.

Ejemplo: Imaginemos que **estamos amenazados por un incendio (estresor)** de nuestra casa y que reaccionamos con un comportamiento instintivo (here-dado) para arrancar; ante la amenaza a la vida el sistema nervioso responde activando al sistema endocrino. Quedamos sometidos al estímulo prolonga-do de adrenalina, cortisol y otras hormonas, produciéndose la respuesta de E. ¿Podremos resistir la orden automática de arrancar? Este sencillo ejemplo con-tiene los elementos de nuestra definición.

CAMBIOS QUE OCURREN AL INTERIOR DEL ORGANISMO DURANTE EL E

La investigación de los cambios interiores dieron la base científica al E.
Su descubrimiento se inicia, como ya lo mencionamos, con la investigación fisiológica de Cannon y Selye. Conviene reconocer que sin esta investiga-

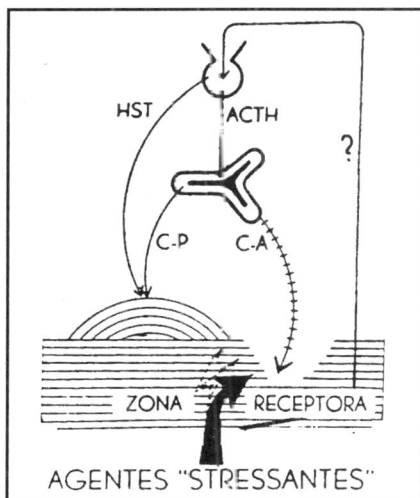

FIGURA 7
ESQUEMA VISIONARIO DE HANS SELYE ('946).
Destaca el mecanismo hipotalámico - hipofisiario-suprarrenal del E. ubicando correctamente a la ACTH como la «Hormona Adaptativa» primordial y a la hormona somatotrófica (HST) o de crecimiento como la segunda en importancia.
C-A = Corticoide antinflamatorio (glucocorticoide o cortisol).
C-P = Corticoide pre-inflamatorio (mineral-corticoides)
La vía de recepción y transmisión del estresor (Agentes «stressantes») está indicada con un signo de interrogación.

ción experimental no era posible descubrir algo que permaneció oculto por siglos y que hoy explica lo que era inexplicable.

Actualmente comprendemos que estos cambios internos del medio sanguíneo comanden la respuesta externa, que en última instancia es la razón de ser de los cambios adaptativo/defensivos del E., facilitados por la descarga hormonal. El E. mirado por dentro nos muestra la maravilla del ser viviente cuya admirable organización le permite manejar exitosamente una variedad increíble de cambios neuro-endocrinos. Estos cambios ocurren regulados por el sistema nervioso que modifica la sangre, llamada con acierto "medio interno" por el fisiólogo francés Claude Bernard, quien lo define como el medio líquido que baña en sus regiones terminales a todas las células del cuerpo *(figura 8)*.

FIGURA 8
CLAUDE BERNARD
(1813-1878)
Notable fisiólogo francés, creador de la Medicina Experimental y del concepto de la constancia del "Medio Interno", base para la comprensión de la regulación del E.

El E. al inducir estos cambios fisiopatológicos, es decir que sobrepasan el margen normal de las funciones reguladas, lleva al sistema endocrino-sanguíneo hacia una exigencia mayor que significa iniciar un desafío a la habitual autorregulación llamada "homeostasis" por Cannon (del griego homio = semejante y stasis=estado) *(figura 9)*.

Por ejemplo, normalmente circula por la sangre una determinada cantidad de azúcar (glucosa) y de otras substancias, la cual aumenta a consecuencia del E., y llevan al medio interno a un nivel de regulación distinto, llamado "heterostasis" (hetero=diferente) por Selye, que pone en alerta a todo el organismo y que resume el cambio fisiológico del E, que pasa a ser fisiopatológico.

Lo aquí esbozado nos permite aceptar que ante tal complejidad de la respuesta hormonal es apropiado simplificar para lograr la comprensión medular del proceso estresante *(figura 10)*.

Consecuentemente sintetizamos: hay importantes cambios endocrinos, hormonales, electrolíticos, inmunológicos, emocionales y mentales, donde cada uno tiene sus propias características. En estos cambios del medio interno la jerarquía la tienen los comandos neuro-endocrinos y cerebrales, los cuales son responsables de las etapas principales del E. interior y exterior *(figura 11)*.

BREVE PRESENTACION DEL SISTEMA NEURO-ENDOCRINO

La *figura 12* esquematiza la composición del sistema neuro-endocrino. El centro es el cerebro que emite fibras nerviosas, homologables a cables eléctricos, hacia todo el organismo, pero con determinado orden. Por una parte, un grupo de fibras nerviosas especializadas en manejar noradrenalina (una variedad de la adrenalina) se distribuyen a órganos y tejidos de todo el cuerpo.

FIGURA 9
WALTER B. CANNON
(1871 - 1945)
Destacado fisiólogo estadounidense, de la Universidad de Harvard, Boston, descubridor del Sistema Simpático y de la adrenalina que llamó «Simpatina» y creador del concepto de la Homeostasis. Es el primero en usar la palabra Estrés (1914) y que acuñó la célebre frase "to fight or flight", «atacar o arrancar», que sintetiza el interés que tuvo por investigar el E. «mirado por fuera».

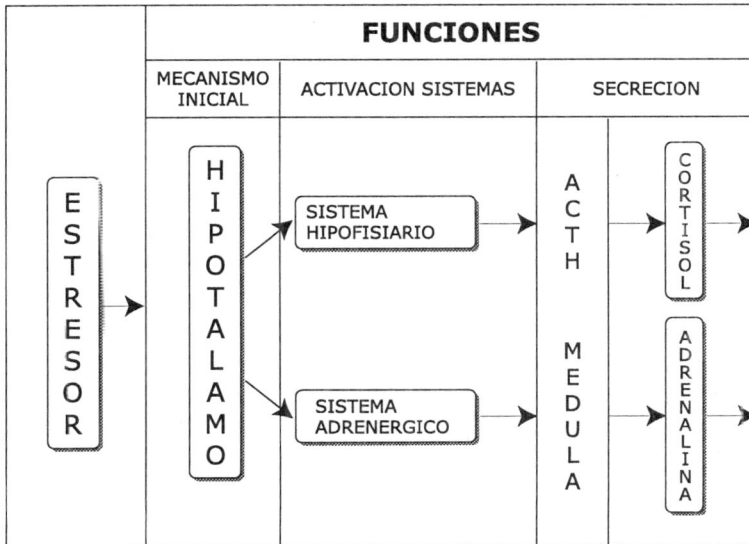

FIGURA 10
Esquema de etapas del estrés y de la activación del sistema neuro-endocrino.

La adrenalina se produce sólo en la suprarrenal, a donde llegan las correspondiente fibras nerviosas. Este sistema se llama **adrenérgico** (que genera adrenalina) o **sistema simpático**. En términos generales este sistema es **estimulador**: acelera al corazón, vierte a la sangre la glucosa acumulada en el hígado, acrecienta el estado de alerta, combate la fatiga mental y muscular, causa ansiedad, dilata las pupilas y produce emoción y aceleración del pulso

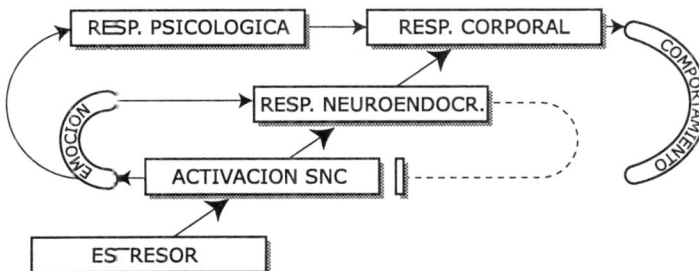

FIGURA 11
Esquema etapas del estrés.
Se coloca la emoción de inmediato a la activación del sistema nervioso central (SNC) e integrada al sistema neuro-endocrino.
En línea punteada, retroalimentación negativa.

(taquicardia). Todos estos importantes efectos caracterizan a la iniciación del E. y pueden reproducirse con la inyección intravenosa de adrenalina. El otro sistema que contrarresta a la **adrenalina** tiene como mediador hormonal a la **acetilcolina**, por lo que el sistema es llamado **colinérgico** o **sistema parasimpático**, de carácter **inhibidor** para los efectos del sistema adrenérgico *(figura 12)*.

El E. estimula intensamente al sistema adrenérgico, provocando una abundante descarga de adrenalina desde la suprarrenal y noradrenalina desde las fibras terminales noradrenérgicas de todos los órganos. La acetilcolina antagoniza a la adrenalina-noradrelina y evita un desbalance entre los dos sistemas que pudiera llegar a poner en peligro la vida de la persona. Sería una pérdida de la autorregulación hormonal. **En el equilibrio entre ambos sistemas radica el mecanismo regulatorio hormonal del E.** Una posible pér-

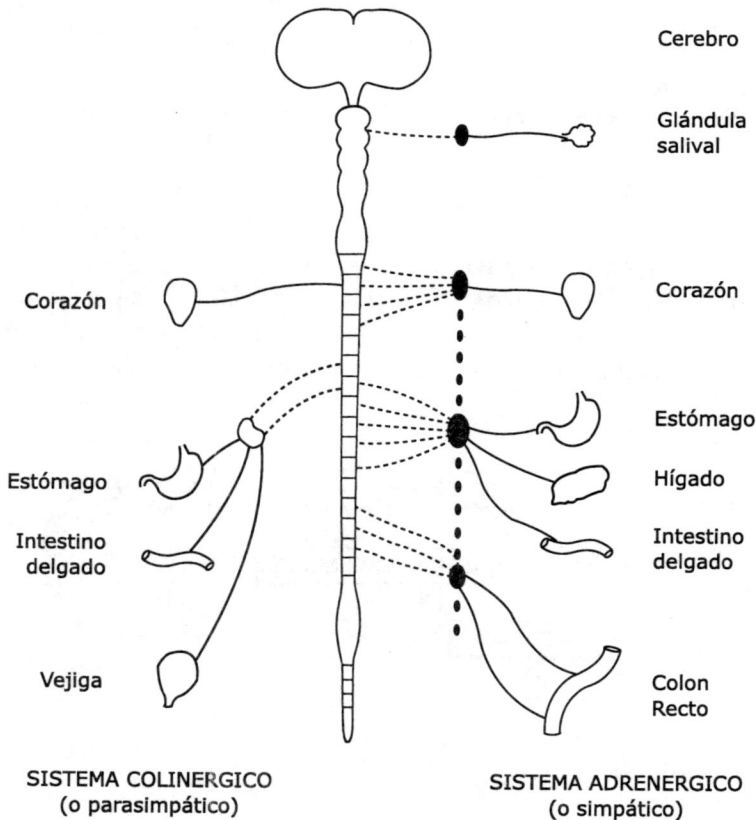

SISTEMA COLINERGICO
(o parasimpático)

SISTEMA ADRENERGICO
(o simpático)

FIGURA 12
Representación esquemática del sistema autonómico.

dida de ese equilibrio es prácticamente inexistente y sólo puede producirse cuando el E. es excesivamente intenso o prolongado y lleva a la fase de agotamiento y muerte. Experimentalmente se provoca usando dos o tres estresores en forma seguida sin mediar descanso entre las aplicaciones experimentales de los estresores. Algo similar ocurre en la descripción de un aborigen africano sentenciado a muerte y que muere ante un rito humillante e insistente, sin sufrir daño físico. En el síndrome general de adaptación de Selye (GAS), el agotamiento ocupa la 3ª fase (muy rara en el hombre).

La regulación es efectuada por el cerebro, con un mecanismo de acción desconocido, pero que empieza a ser dilucidado gracias a la biología molecular. Por el momento lo describimos como "**agotamiento del mecanismo regulador cerebral**".

PARTICIPACION DE LA HIPOFISIS Y DE LA GLANDULA SUPRARRENAL

Las órdenes modificadoras del centro cerebral llamado hipotálamo, comandan la función de la glándula asentada en la base del cerebro, llamada glándula pituitaria o **hipófisis** *(figuras 13 a y b)*.

Se la llamó glándula pituitaria, porque los antiguos investigadores pensaron que secretaría la pituita o secreción mucosa nasal, dada la vecindad de la glán-

ANATOMIA DEL CEREBRO BASAL

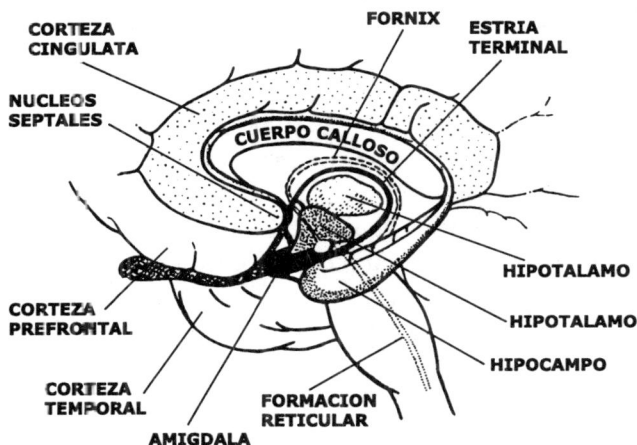

FIGURA 13a

Anatomía del cerebro basal que comanda la respuesta neuroendocrina del E.

HIPOFISIS
(Glándula pituitaria)

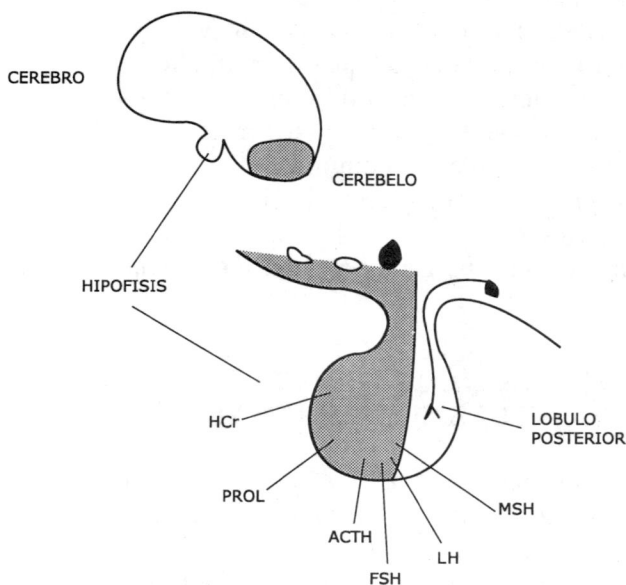

FIGURA 13b

Se muestra con detalle a la glándula pituitaria o hipófisis, prolongación anatómica del hipotálamo. HCr = Hormona de crecimiento; PROL = Prolactina; ACTH = Hormona adrenocorticotrófica; FSH = Hormona folículo estimulante; LH = Hormona luteinizante; MSH = Hormona Melanocito - estimulante (pigmentación).

dula a las fosas nasales. Hubo necesidad de que pasaran innumerables años para aclarar este error. Esta glándula, conocida como rectora de la tiroides, glándulas sexuales y suprarrenales, dirige la función de estos órganos que pasan a ser absolutamente dependientes de ella. Extirpada la hipófisis cesa definitivamente la función de esas glándulas y por lo tanto se termina la función de reproducción, de E. y otras. Schmidt (1925) tiene el destacado mérito de habernos demostrado por primera vez, cuando nada se sabía sobre la hipófisis, que la extirpación de esta glándula producía todo lo anterior, en experimentos clásicos realizados en la rata mediante la ingeniosa operación de trepanación del cráneo desde abajo del punto donde se ubica la hipófisis, idea que requería de gran maestría para su realización.

Recordemos que la hormona ACTH es la hormona del E., la que siempre aumenta en la sangre de personas estresadas y que actúa sobre la corteza suprarrenal produciendo cortisol. Repitamos una vez más que esta respuesta neuro-endocrina caracteriza lo específico del E.

La *figura 14* representa esquemáticamente al sistema hipofisario y suprarrenal. El hipotálamo, bajo el estímulo del estresor, estimula a la hipófisis continuando la transmisión del estímulo a los puntos terminales.

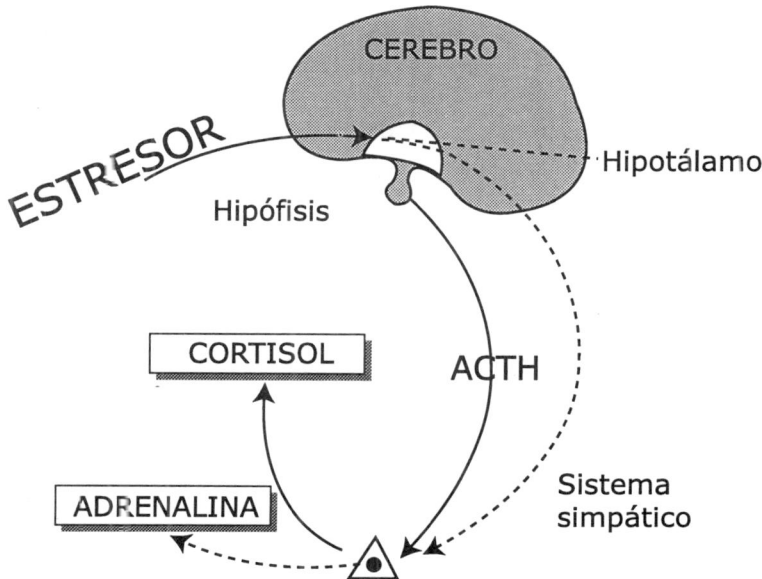

FIGURA 14

Representación del sistema hipofisiario y suprarrenal con indicación de las hormonas estimuladas durante la respuesta del E.

El sistema nervioso central lo proyecta al resto del organismo y codifica el E. externo (comportamiento) y el E. interno (heterostasis). La *figura 14* muestra los momentos principales: el estresor ambiental entrando por la vía sensorial de predominio ocular; su llegada al hipotálamo (zona punteada en la base del cerebro) y su salida por la hipófisis.

Capítulo 2

Conociendo al enemigo: el estresor

Mientras mejor comprendamos la definición de E. mejor entenderemos lo que es, ayudándonos a enfrentarlo en la práctica. En este sentido, **reconocer el estresor es de primera importancia**. Por eso nos detendremos en el estímulo amenazante. ¿Por qué pensamos que la amenaza es el agente productor más representativo del E.? Porque el E. es respuesta ante el peligro o desafío, el cual justamente es una **amenaza a nuestra integridad**, sea ésta la seguridad de vivir, la inducción de un trastorno psicológico (muerte de un ser querido), daño físico (accidente), infección, examen escolar o universitario, entrada de un ladrón en la casa (peligrosidad variable).

Un elemento de especial relieve lo constituye la **evaluación de la peligrosidad** del agente productor de E., que variará según cada individuo. Para algunos subir a un avión será una amenaza de gran peligrosidad y viajarán bajo E., mientras que para los que viajan todas las semanas será algo cotidiano y sin E., lo que implica **adaptación adquirida** y nos señala la posibilidad de poder controlar el E. Sin embargo, cualquier perturbación seria que ocurriera durante el vuelo actuará como un fuerte estresor y desencadenará E. agudo de variable intensidad, según sea la evaluación que se haga sobre lo que está aconteciendo. Entonces, somos vulnerables ante lo desconocido. Por consiguiente, dicha **evaluación de la peligrosidad, sea consciente o inconsciente, es uno de los conceptos importantes del E.**

Podemos afirmar ya que el E. es uno de los fenómenos vitales más característicos que afecta a todos los seres vivientes: animales, vegetales y humanos. Incluso se le ha utilizado para caracterizar reacciones bioquímicas oxidativas como el llamado "estrés oxidativo".

Como se ha dicho **"tenemos que vivir enfrentando E."**. Para no tener E. tendríamos que dormir todo el tiempo o no salir a la calle, o no viajar, o no vivir la vida. De aquí la importancia de conocer los medios por los cuales podamos disminuir la intensidad y duración del E., es decir, aprender a manejarlo.

CARACTERIZANDO AL ESTRESOR

Se ha precisado que para que el estímulo psicológico alcance a ser estresor son importantes: su **intensidad, duración, novedad** y **sorpresa**. Tanto lo sorpresivo como lo peligroso, aparecen como principales características generales (L. Vargas, 1988).

Se reconoce que estímulos psicológicos muy intensos inducen E. agudo cualquiera que sea la predisposición genética o cultural. Investigación en aborígenes africanos confirman esta observación.

Se comprende que en accidentes graves con fractura ósea haya reacción psicológica intensa con dolor, y agravada por la simultaneidad de acción de varios estresores (físicos, fisiológicos y psicológicos).

La visión del E. con amenaza precluye que tiene que ser **desagradable y perturbador**. El grado mayor de E. de origen psicológico irá acompañado de una intensa tristeza. Así, ante la muerte del ser más querido, el E. causa disminución de las defensas biológicas, produciéndose inmunodepresión. En el caso estudiado de la muerte del esposo muy querido tal depresión de la inmunidad puede durar 4 o más semanas.

La acción del estresor "malo" o amenazador se opone a la tesis de Selye, quien plantea que la noción de E. sea más amplia proponiendo el "Stress without distress" que equivale a decir E. sin estresor desagradable (1974). Piensa que es indiferente si el agente o la situación que enfrentamos sea agradable o desagradable y que lo más importante es la intensidad de la demanda para lograr el ajuste o adaptación. Revisamos la literatura y encontramos que no se confirma lo que piensa Selye, quien no realizó observaciones experimentales en seres humanos, es decir no determinó glucocorticoides plasmáticos, correspondiendo sólo a una postulación heurística: idea intelectualmente fascinante que requiere comprobación para pasar de la ignorancia a la verdad. Sin embargo, otros autores más recientes mantienen esta idea que para nosotros es errónea (I. Semionovich, 1975 y O. Slipak, 1991). Los autores que han hecho determinaciones de hormonas en situaciones placenteras encontraron que si bien hay aumento de adrenalina, no lo hay de glucocorticoides (cortisol) e incluso puede haber un descenso de éstos (Vargas, 1981) (*figura 15*). Según nuestra opinión, Selye confundió E. con la emoción intensa acompañada solamente de una descarga muy transitoria de adrenalina sin descarga de ACTH y que consecuentemente no es E. La confusión es muy lamentable porque desvirtúa el concepto mismo de E. Como se verá más adelante en la parte 2 del libro, el estudio de los factores psicológicos únicamente se refiere a los negativos o desfavorables. Nosotros establecemos una clara distinción entre estresor desagradable y estímulo agradable (*figura 15*).

ESTRESOR INCONTROLABLE

En las difíciles situaciones en que el estresor es **incontrolable o inmanejable**, como es el caso de la muerte inesperada del ser más amado, provocará **inmuno-**

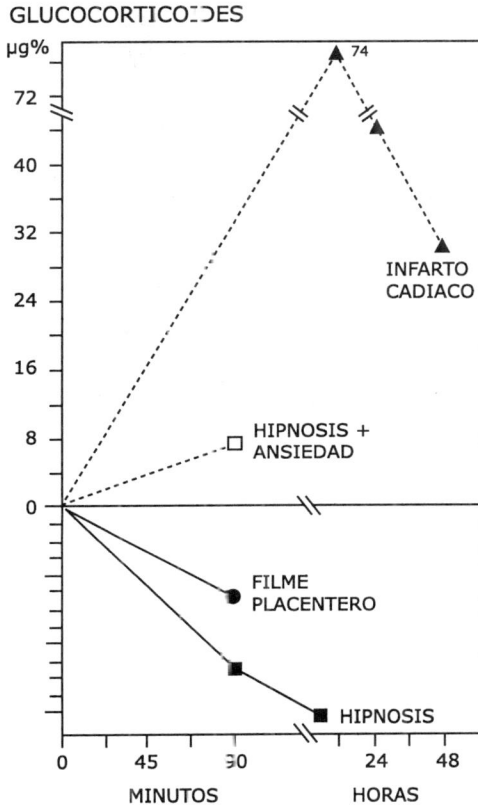

FIGURA 15

Experimentos en seres humanos estimulados con situaciones agradables o desagradables, demuestran que los estímulos agradables no producen E. (Obsérvese la disminución de los glucocorticoides en hipnosis placentera).

depresión. En estas condiciones hay riesgo de infección y hasta puede producirse la muerte. La observación popular nos hacía ver que a la muerte del cónyuge, suele morir el cónyuge sobreviviente. Pero si en esto acertaban no ocurría lo mismo con el rito cultural de dejar sola a la víctima para respetar su sufrimiento afectivo, porque lo que conviene es acompañarla, darle apoyo social y en lo posible sacarla del ambiente que le trae tantos recuerdos. El conocimiento del E. ha podido contribuir a cambiar aquella tradición adversa y equivocada.

Otro aspecto de notable importancia que no podemos dejar de mencionar, es que **el organismo responde de manera proporcional a la intensidad del estresor**. Ya mencionamos la participación del cortisol en la respuesta propiamente estresante, pero excepcionalmente puede incluso bloquearse el eje hipófisis-ovario frente a ciertos estresores. En los experimentos con paracaidismo simulado no se modificaba la concentración sanguínea de testosterona y estrógeno (Ursin, H., 1978). La Figura 16 representa la respuesta escalonada ante estresores de diferente calidad.

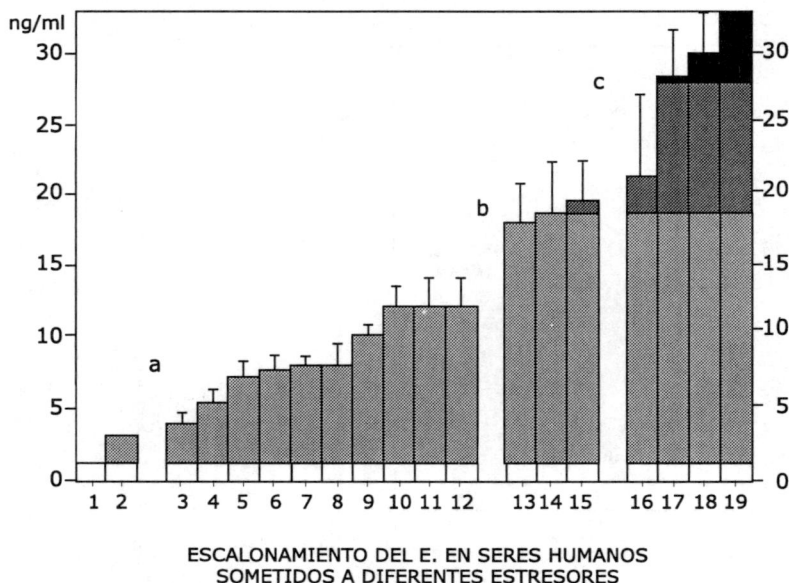

ESCALONAMIENTO DEL E. EN SERES HUMANOS
SOMETIDOS A DIFERENTES ESTRESORES

FIGURA 16

Determinación biológica de la hormona melanocito-estimulante (MSH) en la sangre de 50 sujetos normales y 150 enfermos.

Se observa un claro aumento escalonado en proporción a la intensidad del estresor (partiendo del nivel basal en blanco hasta la columna 19 que corresponde a choque eléctrico).

Tomado de L. Vargas, 1977.

Sin embargo, el cautiverio sí influye crónicamente en algunas especies de monos, los cuales **pierden la capacidad reproductora**. Se sabe que la reproducción es difícil en zoológicos con espacios reducidos y es en tales casos que la hembra experimenta anovulación, o sea, no liberan óvulos al útero (A. Müller, 1997).

En la especie humana se ha observado que ante eventos catastróficos, como los bombardeos alemanes sobre Londres durante la Segunda Guerra Mundial, se produjo suspensión de la ovulación en algunas mujeres expuestas.

Estas observaciones son altamente ilustrativas de los diferentes grados de respuesta que tiene el sistema neuroendocrino y que son válidos para la especie humana. Para nosotros estos hallazgos pueden interpretarse como la aplicación de la **sabiduría corporal** de Cannon que reconocería señales para no reproducirse en condiciones adversas. También ocurre en situaciones de desnutrición extrema (campos de concentración) en las cuales puede producirse hipofisectomía funcional (deja de funcionar la hipófisis), hecho ya observado en niños con desnutrición acentuada.

ESTRES AGUDO Y ESTRES CRONICO

La complejidad del E. la hemos simplificado diciendo que el E. puede ser la respuesta fisiológica ante la amenaza, respuesta aguda que se apaga sin dejar huella.

Ejemplo: Vamos a atravesar la calle y avanzamos seguros de que nos corresponde pasar, pero un automóvil pasa rápido y casi rozando nuestro cuerpo, lo cual nos deja asustados. Quedamos en E. agudo, pero esperando tendemos a recuperarnos. Lógicamente esta reacción no significa enfermedad sino sólo respuesta a la amenaza. Otra cosa es cuando en el trabajo nos topamos con una inesperada adversidad que no podemos solucionar: el jefe nos agobia con correcciones y el E. se repite casi diariamente. Así vemos amenazada hasta nuestra fuente de trabajo.

Si no logramos entender lo que está sucediendo se puede desarrollar E. crónico y entrar al campo de la enfermedad: insomnio, dolor de cabeza, falta de concentración o molestias digestivas, sería lo más frecuente de observar. Por lo tanto, el E. repetido, el E. crónico adquiere potencialidad para que se desajuste el organismo y se desencadene una enfermedad por mala adaptación.

Conclusión

Debemos evitar por todos los medios que el E. se prolongue en exceso y consultar tan pronto se tenga conciencia de que la posible enfermedad no desaparece.

Capítulo 3

Emoción, sentimiento y E

Considerada la emoción como una sensación que inflama el alma y afecta la mente, debe tenérsela presente como uno de los componentes trascendentes del E. del ser humano. La emoción se presenta, además de lo dicho ante la amenaza, frente a estímulo psicológico agradable que provoca alegría, felicidad o intenso bienestar. En la emoción participa todo el cuerpo, algo reconocido desde Aristóteles.

Podemos distinguir tres grados de emoción, que dependen de la identidad (agradable, desagradable o amenazador) e intensidad del estímulo, donde sólo en **el tercer grado alcanza a coincidir con el estresor.**

Un primer grado **a) de emoción simple o corriente**, de baja intensidad, agradable (fiestas familiares), con leve excitación del sistema autonómico de la adrenalina, pero sin estimulación del cortisol (dependiente del sistema hipofisario-adrenal); **b) de emoción intensa**, gratificante con activación del sistema de la adrenalina, pero sin activación del eje hipofisiario, es decir, sin E. (premio muy significativo, ascenso laboral inesperado). En a) y en b) el estímulo está desprovisto de amenaza. En el grado **c) la emoción es máxima** con activación del sistema de la adrenalina y del cortisol, como respuesta ante la amenaza y que provoca E.

La interesante disociación de las dos vertientes funcionales, la adrenérgica-adrenalina y la hipofisiaria-cortisol, es claramente visualizable en los experimentos con paracaidismo simulado, donde después del 4° salto los soldados adquieren destreza y ya no tienen elevación del cortisol, pero sí de la adrenalina aunque de menor magnitud que la observada en el primero y segundo salto (*figura 17*).

También vale la pena recordar las observaciones de Konrad Lorenz, las conductas de aves y mamíferos domésticos en relación con la reproducción, alimentación y comunicación realizadas sin estresor amenazante ocurren sin E., pero con elevación de la adrenalina en la sangre (etología).

De ahí que concluyamos de los estudios etológicos que al no tener el componente de la amenaza, corresponda el comportamiento heredado sin E.

Lo tratado tiene importancia conceptual y teórica, de desafiante valor y de proyección para dar firmeza y claridad al E. como entidad definida.

REPRESENTACION DEL EQUIPO EMPLEADO
PARA EL PARACAIDISMO SIMULADO
Descenso desde una torre de 20 m de altura

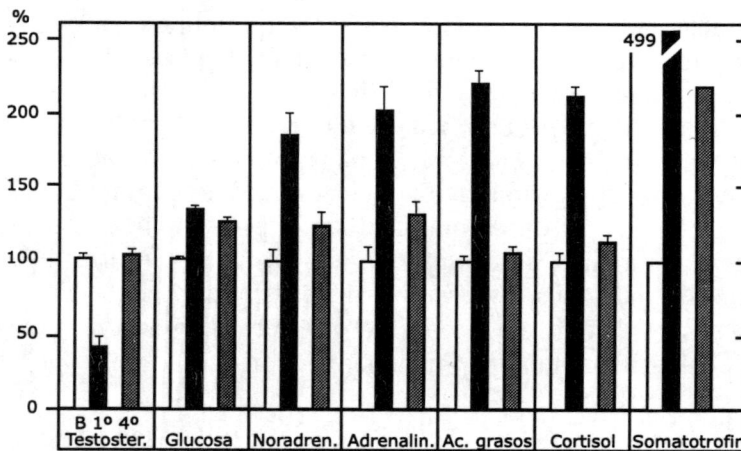

FIGURA 17

Adquisición de maestría en la ejecución (successful coping) en paracaidistas.
Interesante adaptación al E. provocado por paracaidismo simulado. Se grafica el 1er y 4to
salto. En el 1er salto hay aumento de todos los indicadores de E. En el 4to salto, sólo aumen-
ta la adrenalina y noradrenalina, manteniendo la alerta del sujeto. Gráfico elaborado con
los datos de diversos trabajos de Ursin y cols. 1978.

EMOCION Y SENTIMIENTO

El análisis de la emoción plantea su diferencia con el sentimiento. Si bien el fenómeno neurofisiológico significa una reacción del Sistema Nervioso, quien propiamente siente es la persona y no el cerebro que centraliza el proceso. La aceleración del corazón, claramente percibida, localizó la emoción en el corazón, hecho de gran impacto en el lenguaje del amor, donde la palabra corazón se repite con insistencia en los diferentes idiomas.

Del mayor interés es que Aristóteles (384-322 a. de C.) distingue entre emoción y sentimiento. A la primera, que llama pasión, la considera una experiencia que compromete al cuerpo y al alma, mientras que al segundo, al sentimiento, sólo alma y pensamiento. Esta interesante visión se aviene con los que consideramos que **el sentimiento es la intelectualización de la emoción**.

Lo difícil del desarrollo del tema en su aspecto conceptual y de investigación ha podido apreciarse en el prolongado silencio histórico que se produce a partir de Aristóteles y de Epicuro (341-270 a. de C.), es decir, hay que saltar 20 siglos para continuar con el célebre René Descartes (1596-1650). Este filósofo, de acuerdo a su método analítico, llega incluso a discurrir sobre los hipotéticos pasos que puede recorrer el estresor. Nos adelantamos a reconocer que tal ensayo lo lleva a cabo con la maestría propia de un genio.

Descartes, al igual que Epicuro, hace entrar el estímulo al cerebro por los órganos sensoriales y lo centraliza en la glándula pineal, produciéndose la percepción de la pasión (= emoción), para distribuirlo al alma, al cerebro y nervios, con conmoción del cuerpo y acción fisiológica. Parece increíble que en esa época pudiera llegar a tan notable descripción, pues si cambiamos la glándula pineal por hipotálamo, su versión mantiene su vigencia. Impresiona también la última parte, "fisiológica", que corresponde a lo que hemos designado en el E. "mirado por adentro y por afuera" y demuestra la extraordinaria amplitud de su genial pensamiento.

Después de otra laguna de 3 siglos se reabre el tema con la teoría de la emoción de C. Lange (1885) y W. James (1890), que posteriormente es analizada por W. B. Cannon (1927), quien perfecciona los componentes de la emoción del sistema nervioso central. Estos componentes son acuciosamente investigados por el fisiólogo W. R. Hess (1971). Sin embargo, aún hoy no conocemos los detalles íntimos de la "apasionante" emoción.

Hemos vuelto a este tema de la emoción con y sin E. porque hay una clara diferencia cognitiva entre ambas. En la condición sin E. la excitación fuerte pasa fácil y rápidamente y lo que es más llamativo es que no hay **confusión mental**. Contrariamente, cuando la emoción se acompaña de E. se presenta esta confusión, que dura 1 o 2 días, durante los cuales no se puede pensar, ni concentrarse. Se trata de un período riesgoso para un trabajador experto en manipulación de precisión y donde la distracción lo podría llevar a cometer un error grave.

Por otra parte, en una emoción intensa por un estímulo enormemente agradable, la mente se mantiene lúcida. Esta importante diferencia explica por qué en algunos casos extremos donde se ha evaluado al estresor como muy peligroso, por ejemplo, en un examen oral, puede una persona quedar con la "mente en blanco", que le impide contestar aunque conozca la materia. Uno de los autores del libro tuvo la experiencia de la confusión mental a raíz de un asalto en la calle, confirmando lo dicho. También es fácil comprobar la reacción que produce una emoción con excitación jubilosa ante una buena noticia significativa, con rápida normalización y sin confusión mental como seguramente lo han experimentado los lectores.

SENTIMIENTO Y E

En este punto de nuestro análisis debiéramos preguntarnos: ¿Qué es más decisivo, el estresor o la condición psicocultural en la que se encuentra la persona al momento de enfrentarlo?

La duda surge de la observación que frente a estímulos psicológicos similares hay respuesta estresante o no, dependiendo de la persona afectada. Hasta aquí hemos analizado la calidad del estresor como responsable de la calidad de la respuesta.

Por otra parte, un estímulo psicológico de magnitud elevada obligadamente causará una respuesta de E. intensa en la mayoría de las personas. Las características secundarias del estresor (incontrolable, sorpresivo) son determinantes de la intensidad de la respuesta también; pero lo que aquí nos interesa es analizar cómo un mismo estresor submagno puede desencadenar respuestas con algunas variaciones en su intensidad (en un sentido similar a lo visto para la evaluación de la peligrosidad).

Ahondando en el mundo de las **emociones estructuradas en sentimientos** y tratando de sintetizar nuestra perspectiva como "el conjunto de sentimientos que nos rodean y que atesora cada ser humano", resumimos en el ensayo de la Tabla 1 una propuesta de aproximación de la influencia de los sentimientos en la respuesta al E. Este enfoque permite ver que la influencia del estresor dependerá también de la condición o categoría sentimental (A, B o C) en que se encuentre la persona al momento que lo impacte un estresor psicológico dado. En el esquema debe tenerse en cuenta que la sensibilidad receptiva individual variará en una misma categoría según las experiencias sentimentales de cada persona. De manera general la receptividad tiende a decrecer de A hacia C, aunque en la práctica los límites de las categorías pueden aparecer difusos. Empero, es obvio que un mismo estresor, como la muerte de la madre (categoría A) provocará mayor E. al hijo de la categoría B que al primo que se encuentre en una condición sentimental C.

TABLA 1
Ensayo de evaluación de la intensidad de los lazos sentimentales
individuales sobre la calidad de la respuesta al estresor.

| | Categorías | |
| A | B | C |
Ancestros	Descendientes	Colaterales
Abuelos	Cónyuge	Hermano/a
Padre	Hijos	Primo/a
Madre	Nietos	Amigo/a
Tío/a	Bisnietos	Hermano-símil
Padre o Madre		Conocidos
Sustitutos		muy estimados
		Institución amada

Lo agrupado en el esquema corresponde a un primer paso que debe perfeccionarse en el análisis de los sentimientos frente a las emociones en el ámbito del E. y donde las emociones pueden aparecer sobrevaloradas, ya que son pasajeras y sólo a veces dejan huella.

Los sentimientos son permanentes y trascienden nuestras vidas con una historia absolutamente personal, que es a su vez el origen de la complejidad para evaluarlos, tarea que urge mayor dedicación.

A modo de resumen diremos que hay grados de "depósito de sentimientos" como condicionantes del "terreno" donde caerá la "semilla del estresor" y en donde la calidad de dicho terreno modulará la respuesta del E. Luego colegimos que en el E. **son determinantes tanto los estresores como los respondedores**.

EN BUSCA DE LA FELICIDAD

Epicuro, filósofo griego, es el primero que plantea los conceptos de Bienestar y Malestar, ideas que se han transformado actualmente en una anhelada búsqueda por alcanzar la felicidad, por cierto siempre escurridiza. Este pensador sostiene que las sensaciones captadas a través de los sentidos son germen y principio del conocimiento y del placer (Ejemplo, ver pornografía). Define al Bienestar como "la salud del cuerpo y la tranquilidad del alma". Epicuro eleva el placer al fin último de la vida. Diríase que estamos para eso. Hoy día el sentido epicúreo tiene la connotación del placer y búsqueda de la comodidad y felicidad. En términos generales, la civilización occidental con su avanzada tecnología nos ha llevado progresivamente a lo anterior, explorándose en forma afanosa mayores emociones ultragozosas, las cuales no importa que sean con riesgo vital. Así la emoción ha quedado ligada al placer y al E. (actualmente llamado hedonismo).

Los jóvenes están pasando a depender de las emociones fuertes que pueden producir bienestar máximo con placer máximo. Ni qué pensar en el trabajo, la ponderación o la austeridad. Ninguna limitación para gozar del placer de comer, del placer de la droga y del sexo: hay que olvidarse del Sida. ¿Sólo derechos y nada de deberes es la nueva fórmula? Fascinados por la velocidad asociada al descontrol en el conducir los lleva a aventuras con E. y a un alto porcentaje de accidentes automovilísticos fatales. Entonces, prácticas que inducen emoción placentera, tienen consecuencias que provocan E. agudo, débil en adaptación. Se concluye que el ser humano joven está biológicamente dotado para gozar y buscar las emociones fuertes. Durante siglos una educación algo inhibidora logró dominar el dragón oculto.

La desinhibición actual propende a la violencia y al acercamiento a la vecindad del E. que llamaremos **E. maligno**. Se dice: representan una minoría, grupos aislados; puede que sea así, pero que importan mucho, porque dan un mal ejemplo de incapacidad y presionan a la sociedad joven en forma negativa. Además, a todas luces pareciera que tienden a aumentar. Todo sugiere que **se va tras el E. para tener la gran emoción placentera por una cuantiosa inundación sanguínea de adrenalina y cortisol**. En síntesis: en la búsqueda e imitación descontrolada de Epicuro. ¿Hasta qué porcentaje de muertes será necesario esperar para que cambie tal comportamiento inadecuado? ¿Por ventura, al lograr entender el E. se logrará controlar aquellas emociones deslumbrantes y se iniciará la restitución del alma al ser?

Capítulo 4

El E "mirado por fuera"

ACTIVACION (AROUSAL), ESTIMULACION Y SU PROYECCION A LA CONDUCTA

La "**activación**" del sistema nervioso se distingue de la **estimulación o excitación** porque en ésta hay una respuesta inmediata y un efecto que se extingue, mientras que en la activación hay respuesta-respuesta-respuesta, seguida de un efecto prolongado. En el símil del encendido de una ampolleta eléctrica, en la estimulación se enciende y apaga mientras que en la activación queda encendida. Esto explica que el efecto del E. pueda prolongarse hasta varios días o semanas, debido a que la activación persevera. El conjunto de lo tratado explica lo que llamamos **respuesta típica del sistema neuro-endocrino**. Debemos hacer notar que Selye no utilizó el término "arousal", que es un concepto más fisiológico que endocrinológico.

Volviendo a Selye, él no se dedicó a investigar el **comportamiento** en sus estudios y definiciones. Nos parece que la preocupación por lo endocrino y lo inespecífico lo privó de reconocer la gran importancia del comportamiento, lo mismo que no le dio relieve a la especificidad de su descubrimiento en la respuesta del sistema neuro-endocrino-vegetativo. Es así que consideramos que su enfoque y preocupación principal estuvo referido al E. mirado por dentro.

Contrariamente, Walter Cannon, pionero del E. al cual llamó **emergencia y también estrés ya en 1914**, descubridor del **sistema adrenérgico o simpático** en su sentido funcional, investigó la respuesta del gato encerrado (protegido en una jaula), al cual le presentaba un perro que lo amenazaba con sus ladridos.

Cannon describió la respuesta furiosa del gato (dilatación pupilar, erizamiento de garras y pelos y contracción corporal, listo para saltar) al igual que lo hiciera su antecesor Darwin (Charles Darwin, 1998), pero, a diferencia de éste, el fisiólogo de Harvard resumió esta conducta bajo el famoso concepto de "**to fight or flight**" (atacar o arrancar). Es decir, Cannon reconoció los **cambios conductuales asociados a los del sistema simpático**, contribuyendo por primera vez a mirar el E. **tanto por dentro como por fuera**. Así, Darwin fue un pionero observador de las emociones y Cannon fue el descubridor de la reacción del sistema nervioso autónomo frente a las emociones *(figura 18)*. Es notable cómo en la entusiasta y convencida defensa de la palabra "stress" en todo su contenido conceptual, Selye logró cautivar a los científicos y legos dejando en el olvido el extraordinario aporte de Cannon.

Retomando nuestro estudio del **comportamiento** hemos decidido agrupar las expresiones en **fisonómicas** y **conductual-emocionales**.

MODIFICACIONES FISONOMICAS

En caso de un dolor intenso producido por daño físico se observa analgesia por descarga intensa de opioides cerebrales analgésicos, lo que mitiga la expresión facial dolorosa (se les llamó opioides por su similitud con la morfina y sustancias extraídas del opio).

La *figura 19* muestra interesantes expresiones fisonómicas ante diferentes situaciones estresantes, una manifestación netamente humana, aún no profundizada para el E. Si bien es reconocido que los cambios visuales, la mirada, dominan la expresión fisonómica, los cambios bucales casi siempre acompañan a los oculares.

En la sorpresa o en el susto inmenso la boca tiende a abrirse con amplitud. En el dolor, a cerrarse y aún a doblarse el labio inferior hacia adentro. Las fotografías permiten reconocer expresiones de miedo, angustia, ansiedad, terror tristeza, sufrimiento, admiración y asombro.

FIGURA 18
CHARLES DARWIN
(1809 - 1882)
Biólogo naturalista, pionero en la investigación de la expresión de las emociones en el animal y en el hombre. Su notable publicación respecto al tema, aparecida en 1872 pasó inadvertida debido a la enorme resistencia de los expertos de la época.
La última edición (1998) ha maravillado por su gran originalidad, a pesar de haber transcurrido 120 años desde la primera.

FIGURA 19
Fuerte estresor y expresión de pánico al presentar intempestivamente una serpiente. Tomada de El Mercurio.

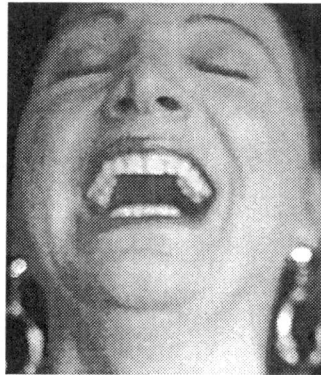

Expresión de alegría, siempre con amplia abertura bucal y movimiento cefálico hacia atrás.

En uno de estos casos la expresión ocular es tan intensa que la mirada queda bizca (*figura 19*), ante la sorpresiva presentación de una serpiente.

La fuerza de la mirada en una comunicación ansiosa se demostró en experimentos con monos. Cada uno en su pieza, separados por una pared de vidrio; en un lado el mono gerente, responsable del manejo de la manilla, que bien usada, previo aprendizaje, evitará el choque eléctrico. El otro mono pasivo desprovisto de aquella manilla está pendiente de que su compañero no se vaya a equivocar. La mirada muy ansiosa de este mono pasivo transmite al mono gerente la presión psicológica que ejerce el mono pasivo. En estos casos se estudió la expresión fisonómica de las distintas partes del rostro del mono pasivo por medio de fotografías, descubriéndose que sólo la parte de la fotografía que contiene los ojos le provoca la reacción estresante al mono gerente.

UN IMPORTANTE EFECTO INTERNO RELACIONADO CON LA EMOCION

La descarga de adrenalina a la sangre tiene un efecto de la mayor importancia: la elevación de la glucosa en la sangre (glicemia), llamada **hiperglicemia** (de hiper = aumento). Es **un indicador muy sensible de E.** y tiene importancia porque para mantener las respuestas del E. la glucosa contiene gran energía, siendo fundamental para poder sostener la respuesta de atacar o arrancar, donde la musculatura requiere de un buen aporte de glucosa.

El lado malo de la hiperglicemia del E. está en que para el paciente diabético esta elevación del azúcar sanguíneo es muy perjudicial. Esta hiperglicemia del E. es producida exclusivamente por la fuerte liberación de adrenalina durante el proceso.

MODIFICACIONES CONDUCTUALES

Hemos estudiado en la rata la expresión conductual durante el E. por contención (inmovilización). Pensando en la dificultad de registrar la emoción en los animales, reflexionamos que las manifestaciones conductuales durante el E., podrían considerarse como **"efectos emocionales"**. Esto nos condujo a investigar dichos efectos observando que pueden distinguirse y registrarse el número de movimientos corporales (intentos de escape), el número de gritos, número de movimientos masticatorios y número de fecas expulsadas, estas últimas empleadas en psicología experimental (*figura 20*).

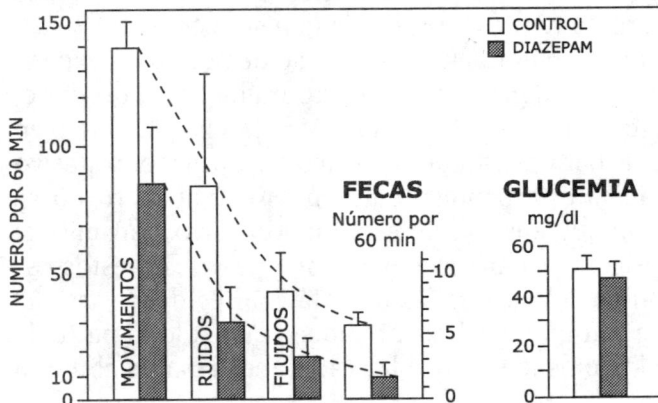

PROMEDIO DE 3 EXPERIMENTADOS
Cada rata su propio control

FIGURA 20
Comportamiento de la rata sometida a E. de contención.
Efectos emocionales: movimientos corporales, ruidos, masticación y emisión de fecas. Disminución significativa del "perfil emocional" con tratamiento con diazepam (tranquilizante). No hay modificación de la hiperglucemia, que sí se inhibe con Propranolol (bloqueador de la secreción de adrenalina) Vargas y cols., 1994.

El registro de estos movimientos se hace de acuerdo al protocolo, el que se va completando por cada investigador, quien controla una sola rata, exigiendo el experimento un grupo de colaboradores. La rigurosidad de los observadores permitió obtener resultados comparables y estadísticamente válidos.

Una serie de ratas **control** fue comparada con una serie **tratada** con un fármaco bloqueador de la liberación de adrenalina (**propanolol**) y otra serie con tranquilizante (**diazepam**). Tanto propanolol como diazepam, disminuyen los efectos emocionales, de modo que el conjunto muestra un perfil disminuido que demuestra la inhibición de todos los parámetros. Sin embargo, **sólo el propanolol suprime la hiperglicemia del E**. Consecuentemente, el tranquilizante diazepam va por una vía distinta de la del sistema adrenérgico.

Estos experimentos hacen ver la gran potencialidad que tiene el propanolol como agente farmacológico antiestrés. Se conoce que el sujeto agudamente estresado va a reaccionar atacando o arrancando, las dos respuestas más usadas cada vez que enfrentamos a un estresor intenso.

Sabemos que el conductor que atropella a un peatón tiende a huir, existiendo una etapa **irracional** (**confusión mental**) que puede ser sobrepasada por otra racional después de haber recorrido varios kilómetros. En esta etapa, la persona responsable volverá al sitio del accidente. En el caso de un médico conocido nuestro, le sucedió que una persona salió corriendo sin mirar el tráfico y se estrelló violentamente contra la parte trasera del auto. El médico entró en intenso E y lo único que deseaba era arrancar, debiendo como médico violentarse a sí mismo para poder ir a ver qué le había sucedido al accidentado. Al confirmar que se moría, llamó a la policía, continuando el proceso.

Afortunadamente la familia del fallecido declaró que la persona accidentada tenía esta curiosa conducta de correr hacia la calle sin ningún control, aclarándose la responsabilidad de nuestro colega.

Estas observaciones dejan pensativo sobre la reacción del público, que juzgará inaceptable que la persona que atropella arranque en vez de auxiliar a quien ha herido, con o sin culpabilidad. El comportamiento heredado del E. puede entonces enmascarar la culpabilidad del que atropella, de modo que el juez proponga la pena, sin considerar la intromisión del E. (**proyección social**).

El E. agudo e intenso y su respuesta conductual automática provoca cambios fisiológicos internos que se manifiestan en la fisonomía. Esto trae a colación un tema de gran interés para comprender las acciones inmediatas que toma la persona bajo la influencia psicotensional del E.

Con una emoción intensa junto al mecanismo programado, seguramente útil para la vida primitva donde nuestros antecesores debían enfrentar fieras y escapar corriendo kilómetros sin cansarse, ésta era una respuesta de gran valor defensivo y adaptativo.

Este comportamiento grabado en los genes no se ha modificado y seguimos apresados por el programa primitivo para atacar o arrancar y, lo que es peor, con la aparición de un nuevo comportamiento al E. máximo, el cual es quedar inmóvil o paralizado, totalmente indefenso ante un tremendo estresor, fenómeno observado en la guerra. Sin embargo, en algunos animales esta conducta les permite salvarse del predador al aparentar estar muerto ante el atacante, que como no come animales muertos, se retira. La conducta típica de anfibios que giran rápido para quedar con el vientre hacia arriba flotando sobre el agua es un buen ejemplo de respuesta conductual defensiva inmediata al E. agudo.

En la guerra de Vietnam los jóvenes que iban al frente de batalla por primera vez quedaban paralizados, con la desventaja de ser fáciles blancos. Al comprobarse que la muerte a veces sólo se explicaba por E. agudo, el ejército se interesó en la investigación del E. y contribuyó a conocer los cambios hormonales que se producen en diferentes condiciones estresantes (Lev, R. y cols., 1971) *(figura 21 a y b).*

ANALGESIA

En el caso de una fractura muy dolorosa, el E. produce analgesia por liberación cerebral de opioides analgésicos (beta-endorfina). Pareciera que el organismo tiene la sabiduría de conocer si la herida o fractura es grave, porque en el esguince hay dolor inmediato y no se presenta analgesia. La analgesia ayuda a soportar el comienzo de la grave lesión y tiende a desaparecer a la hora. En una intensa frustración experimental como la que ocurre con una rata intrusa acorralada en un rincón de la jaula por no pertenecer a la colo-

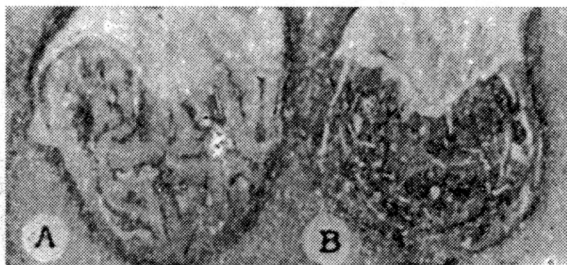

FIGURA 21a
Erosiones hemorrágicas gástricas, de la zona prepilórica producida en la rata sometida a diferentes tipos de violencia. A, control; B, erosión hemorrágica en la fase de agotamiento (Según Selye).

FIGURA 21b

Erosión hemorrágica gástrica en sujetos humanos expuestos a intenso y agudo stress. Observaciones en soldados americanos que iban al frente de Combate por primera vez. Aspecto macro y microscópico; éste último en fase de regeneración de la mucosa. Obsérvese su similitud con lo encontrado por Selye (fig. 21a). Según Lev, Molot, Mc Namara, Stremple.

nia, puede ésta no sentir descargas eléctricas disparadas a la cola, debido a la total analgesia desencadenada por el E.

CONSIDERACIONES ADICIONALES

Como se ha visto, el sistema adrenérgico es fundamental para gatillar la emoción. Por eso la extirpación de la médula suprarrenal (parte central de la glándula, de origen nervioso), suprime la hiperglicemia y las respuestas conductuales. Esto ocurre así porque la adrenalina es sintetizada sólo en dicha médula adrenal.

No sucede lo mismo con la noradrenalina que se secreta en las fibras terminales del sistema adrenérgico, terminaciones que penetran al interior de los órganos. Esto explica por qué la eliminación de la médula adrenal de la rata hace desaparecer la adrenalina de la sangre, mientras que la noradrenalina sólo disminuye un 30%. Esto es importante para el sistema inmunitario (**timo, médula ósea y bazo**) porque está unido con el sistema de la noradrenalina en sus terminaciones. Puede entonces el sistema inmunitario responder a una descarga de adrenalina. En los casos de un muy intenso E. psicológico podría inhibirse esta liberación de noradrenalina, lo que explicaría la producción de **inmunodepresión** antes mencionada.

EQUILIBRIO FUNCIONAL ENTRE EL SISTEMA ESTIMULADOR (ADRENERGICO) Y EL SISTEMA INHIBIDOR (COLINERGICO)

El organismo no puede regular sus funciones con un solo sistema estimulador que usa al intermediario adrenalina, porque tal predominio llevaría a la ruptura funcional. Por lo tanto, requiere del antagonista inhibidor que conduzca a la recuperación del equilibrio inicial (homeostasis). Efectivamente existe el sistema antagonista, que por funcionar con la acetilcolina se le llama sistema colinérgico (o parasimpático).

Si el sistema adrenérgico estimula el corazón, por ejemplo, el número de contracciones cardíacas aumentará y lo contrario ocurrirá con la estimulación del sistema inhibidor, donde la acetilcolina disminuirá la frecuencia cardíaca.

En estas y otras funciones este antagonismo asegura el buen balance entre aceleración y desaceleración cardíaca. En el E. agudo la activación adrenérgica provoca aceleración del pulso arterial (taquicardia), pero este aumento ocurre hasta un nivel máximo, gracias a la contrarregulación ejercida por el sistema inhibidor. Lo interesante es que si el pulso sube de 75 a 140 pulsaciones por minuto, se sigue regulando a 140 y ahí se mantiene hasta que pase la activación ordenada por el SNC. Eso es lo que Selye llamó **heterostasis**, es decir, un **cambio regulatorio distinto** (hetero) que es típico del E. Algo similar sucede con los otros cambios provocados por el E., lo que pone de manifiesto la capacidad adaptativa del sistema nervioso ante la exigencia defensiva. Otro encuentro con la sabiduría del cuerpo de W. Cannon.

ASPECTOS RECIENTES EN LA INVESTIGACION DEL E

Como era de esperar, en los últimos años la investigación sobre el E. ha traído nuevos e interesantes conocimientos. Su impacto en Psicología y Psiquiatría es importante, ya que se han puesto en evidencia cambios en zonas del cerebro durante el E. y se ha reconocido la importancia de **interleucina-b** como una substancia iniciadora de los cambios endocrinológicos del E.

Sin embargo, estos avances y otros que traerán progreso escapan al objetivo de este libro, por lo que no entraremos en mayores detalles. Sólo mencionamos que se están conociendo las substancias que intervienen en los mecanismos regulatorios y donde la **inhibición retrógrada o retroalimentación (feedback)** está siempre en juego.

La participación de interleucina-b como posible iniciadora del E. interno, tema tan buscado por fisiólogos, cumpliría el rol aceptable para esta substancia por su gran ubicuidad en todos los tejidos y órganos. Se menciona para ilustrar lo que decíamos sobre el surgimiento de investigaciones en el amplio campo del E. y que seguramente traerán innovaciones con proyecciones terapéuticas.

DECALOGO DEL ESTRES (E.)
(*MODIFICADO DE VARGAS, 1984*)

1) EL E. ES EL COMPORTAMIENTO INNATO ANTE LA AMENAZA, ES UNA REACCION DEFENSIVA Y/O ADAPTATIVA CON ACTIVACION ESPECIFICA DEL SISTEMA NEURO-ENDOCRINO-EMOCIONAL QUE COMANDA LA CONDUCTA EXTERNA.

2) EL AGENTE INICIAL QUE INDUCE EL E. SE LLAMA ESTRESOR Y PROVIENE GENERALMENTE DEL MEDIO AMBIENTE NATURAL Y DEL HOMBRE.

3) SE POSTULA A LA *AMENAZA* COMO EL ESTRESOR MAS FRECUENTE Y MAS UNIVERSAL POR POSEER TODA LA POTENCIALIDAD PARA PONER EN PELIGRO LA INTEGRIDAD CORPORAL Y PSIQUICA, GENERANDO *MIEDO* QUE ES EN SI UN *SEGUNDO ESTRESOR ENDOGENO.*

4) LA CLASE DE ESTRESOR INFLUYE EN LA CALIDAD DE LA RESPUESTA, PERO SI ES SORPRESIVO, CONMOVEDOR O MUY VIOLENTO SIEMPRE PRODUCIRA E., CUALQUIERA QUE SEA EL TEMPERAMENTO, CONSTITUCION GENETICA O EXPERIENCIA PREVIA DE LA PERSONA.

5) LA RESPUESTA DEPENDE DE LA MAGNITUD, INTENSIDAD, DURACION Y SORPRESA DEL ESTRESOR, INFLUYENDO EN LA DURACION DEL E., QUE PUEDE EXTENDERSE POR MINUTOS, HORAS O SEMANAS SEGUN SEA EL GRADO DE *ACTIVACION* DEL SISTEMA NERVIOSO CENTRAL.

6) EN EL E. CRONICO ES CLAVE PARA LOGRAR LA ADAPTACION, UNA ACTITUD OPTIMISTA Y LUCHADORA CONTRA EL E. ("COPING BEHAVIOR"), COMO POR EJEMPLO EN LOS DEPORTES PELIGROSOS, DONDE QUIEN SE ADAPTA EXITOSAMENTE ADQUIERE *MAESTRIA* EN SU EJECUCION, DOMINANDO AL E., P EL FRACASO EN ADQUIRIR LA DESTREZA CONDUCE AL SINDROME DE MALADAPTACION DE SELYE.

7) EL SOLUCIONAR Y SOBREPASAR SITUACIONES ESTRESANTES ADVERSAS, PERO MANEJABLES, CONTRIBUYE A AFIANZAR LA PROPIA NORMALIDAD PSICOLOGICA Y FAVORECE EL CRECIMIENTO BIOLOGICO.

8) SIN E. EL SISTEMA NERVIOSO CENTRAL SE DESARROLLA DE MANERA INCOMPLETA, SIN ALCANZAR EL NIVEL DE EXIGENCIA NECESARIO, PORQUE NO HAY APRENDIZAJE SIN E.

9) DURANTE EL E. SE PRODUCE LA MODIFICACION DEL MEDIO INTERNO Y LA DESCARGA DE DIVERSAS HORMONAS QUE SENSIBILIZAN E INFLUYEN EN NUESTRA CONDUCTA, DE AHI EL IMPACTO DEL E. EN LAS REACCIONES PSICOLOGICAS Y CONDUCTUALES.

10) LA RESPUESTA DEL E. EJEMPLIFICA CUANTA RELACION E INTERDEPENDENCIA EXISTE ENTRE EL SER VIVIENTE Y SU ENTORNO.

Capítulo 5

E Y DIABETES: UNA APROXIMACION FISIOPATOLOGICA

La diabetes mellitus es una enfermedad que se caracteriza por la dificultad para incorporar la glucosa al interior de las células insulino-dependientes (en especial, en el área muscular). En la diabetes juvenil se produce una carencia de glucosa al interior de las células debido a la falta de insulina, lo que provoca alteraciones gravísimas en el metabolismo general que conducen a la muerte. Esta es la diabetes **insulino-dependiente o D-1 irreversible** (D = diabetes tipo 1). Es irreversible porque murieron las células productoras de insulina localizadas en el páncreas. Al recibir insulina, sobrevive el organismo luchando para evitar la hiperglicemia, enemiga N° 1, porque al subir la glicemia por sobre lo normal, el exceso de glucosa se une a la insulina inactivándola Como esta unión dura alrededor de 8 días, la presencia anormal de insulina en forma glucosada puede ser reconocida mucho después de que haya ocurrido la hiperglicemia inductora de ésta. Tal forma de unión se llama **insulina glucosilada**. El otro tipo de diabetes es la **insulino-no dependiente o D-2 reversible**. En este caso el paciente es de **edad adulta** y se puede mantener **sin recibir insulina**, pero esta insulina se encuentra parcialmente impedida de actuar y así, no puede alcanzar la eficiencia insulínica necesaria. Se trata de una enfermedad totalmente distinta de la anterior, porque en la D-2 se dispone de insulina como para prevenir el coma diabético. Esta condición especial hace posible usar substancias que contrarrestan ese impedimento o inhibición, son las llamadas **drogas hipoglicemiantes**, cuyo nombre genérico es de **sulfonilureas**.
La industria farmacéutica ha sintetizado una variedad de derivados sulfoniluréicos, que se muestran más activos o de efecto más prolongado y que en su conjunto, si son bien administrados, ayudan al buen control glicémico y a la disminución de la hiperglicemia del E.
Como la glucosa **también se une a otras proteínas**, sucede que un 6% de la **hemoglobina** (proteína que transporta oxígeno) está normalmente glucosilada y su aumento por encima de este porcentaje delata en el diabético que ha habido una hiperglicemia exagerada (anormal). El hecho que la glucosilación exista en un 6% en los individuos normales significa que es una **reacción**

ultra sensible y que también registra los periodos de hiperglicemia fisiológica por las comidas. ¿Tal vez es un sabio y curioso mecanismo coadyuvante para frenar a la insulina, para evitar la baja de la glicemia más allá del límite normal, lo que sucede cuando la insulina se secreta en abundancia para bajar la glicemia elevada por la comida?

Por consiguiente, el E., **al producir hiperglicemia** (por sí mismo, sin ingestión de alimentos), constituye **un factor perturbador del control** de la glicemia de los diabéticos *(figura 22).*

Esto lo pudo registrar uno de los autores ya en 1943, en dos pacientes diabéticas que, sometidas al examen escolar del fin de año, presentaron un alza apreciable de la glucosa sanguínea con **hiperglucosuria** (exceso de azúcar

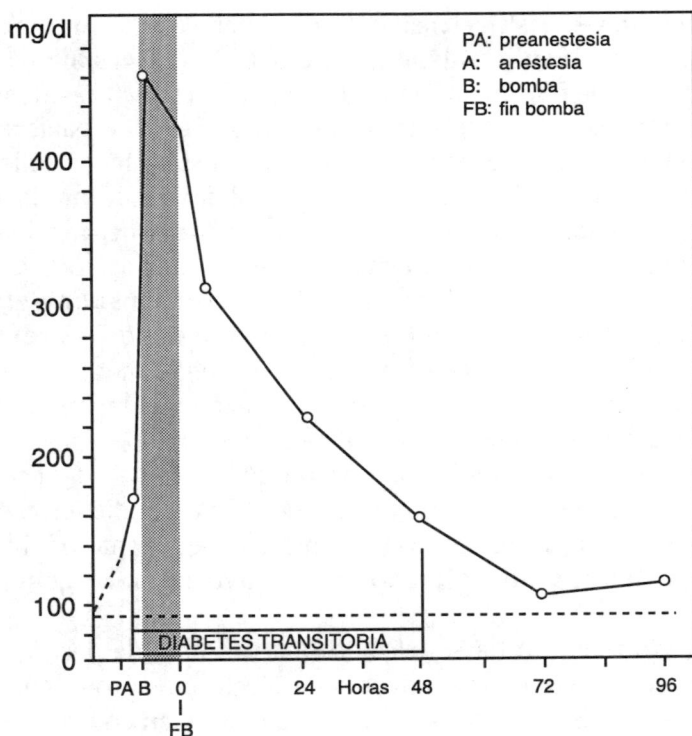

FIGURA 22

Hiperglucemia de nivel diabético en paciente cardíaco sometido a E. máximo. Estresor mayor (operación con corazón abierto) y circulación extracorpórea. Hiperglicemia máxima en un paciente no diabético. Desde el momento de la conexión a la bomba y bajo profunda anestesia general se desata la respuesta hiperglicémica que dura 70 horas (Diabetes Transitoria). Tomada de A.V. Zavala, 1982.

en la orina) de 4 días de duración, a pesar de subir la dosis de insulina (fenómeno llamado **resistencia insulínica**). Esta observación clínica tuvo confirmación en la experimentación en ratas *(figura 23)*.

Actualmente se postula que la hiperglicemia exagerada es uno de los factores responsables de la producción de las graves complicaciones de la diabetes, al provocar **insuficiencia insulínica (incapacidad de la insulina para cumplir su función)**, por aumento de la **glucosilación**.

Por otra parte, demostramos también que el E. **induce un aumento de una glicoproteína plasmática** que posee un poderoso efecto **antagonista** de la insulina (Vargas y cols., 1998). Es importante que esta proteína aumente por el E., porque al neutralizar a la insulina **induce hiperglicemia**. Estos efectos fueron logrados por primera vez por Houssay y cols. en Argentina, en 1932; usando hormona de crecimiento pusieron en evidencia el rol de esta hormona en la diabetes. La investigación demostró que esa glicoproteína reproduce los efectos diabetogénicos de la **hormona de crecimiento tales como** hiperglicemia, antagonismo insulínico, producción de diabetes transitoria y de cetonuria en las ratas con diabetes moderada. Como la glicoproteína es dependiente de la hormona de crecimiento resulta ser la substancia mediadora de ésta, agravando la hiperglicemia producida por glucosilación. Además la glicoproteína se produce en el **hígado** por la acción de la hormona de crecimiento, completándose así la secuencia neuroendocrina. Los experimentos clínicos confirman lo encontrado en ratas. Así la extirpación de la hipófisis (que

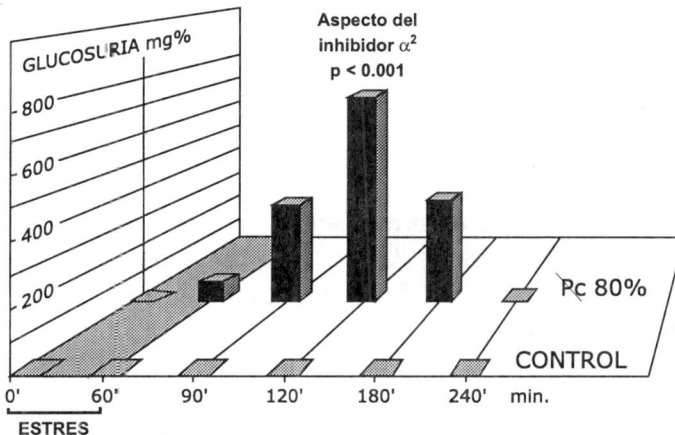

FIGURA 23

Producción de glucosa en la orina (glucosuria) sólo en ratas con páncreas reducido (menor disponibilidad de insulina) sometidos a E. por contención por una hora.
Tomada de Vargas y cols., 1974

elimina la hormona de crecimiento), hace desaparecer la glicoproteína, la cual reaparece al administrar la hormona de crecimiento (demostración de la dependencia de la hipófisis y de su hormona de crecimiento) (Taylor y cols., 1960).

Como la glicoproteína la identificamos con la glicoproteína conocida como **transferrina**, por transportar al fierro, un nuevo camino de investigación ha quedado abierto (Vargas y cols., 1998).

Con estos antecedentes resulta comprensible que el E. sea un **enemigo oculto** de la diabetes. En el caso en que el E. fuera a través de un **estresor crónico**, el perjuicio producido por el E. puede ser considerable al **favorecer la mantención de hiperglicemia**, que se suma a las hiperglicemias fisiológicas provocadas por la alimentación.

Mencionamos anteriormente que las drogas usadas con éxito en la diabetes del adulto tienen el nombre genérico de "**Sulfonilureas**" y son capaces de **antagonizar la hiperglicemia del E**. Lo mismo hace el **propanolol (bloqueador de adrenalina)**, con lo cual se ha abierto una posibilidad de **controlar** los efectos no deseados del E. Pero dado el ritmo de secreción de la insulina en relación con las comidas, la administración de sulfonilurea básica debiera ser reforzada por una dosis previa a la ingestión de alimento para conseguir contrarrestar la rápida hiperglicemia alimenticia (para simular lo que sucede en las personas normales), donde la insulina aparece en la sangre en estricta relación con la glicemia.

Como se piensa que la **unión de la glucosa a la insulina** puede ser el mecanismo responsable de la **ceguera diabética y de la insuficiencia renal**, tal hiperglicemia y glucosilación adquieren un gran rol en los estudios encaminados a prevenir estas tardías y graves complicaciones, cuya etiología o causa aún no se conoce con certidumbre. Las últimas investigaciones demuestran que el daño del riñón en pacientes diabéticos se inicia por intervención de la transferrina glucosilada. Esperamos que el control del exceso de hormona de crecimiento prevenga la lesión del riñón y retina (aún no estudiado), lo que puede significar uno de los mayores progresos en el área de tratamiento de la diabetes. Investigaciones de Chen y cols., 1996, coinciden con lo planteado.

El E. tiene capacidad para inhibir al sistema inmune y provocar inmunodepresión. Es el caso de los E. agudos muy intensos, que si se prolongan, junto con la glucosación insulínica, explican **la tendencia a adquirir infecciones** en el paciente diabético mal controlado.

Además, si se une la glucosa a la **lizosima y lactoferrina**, antibióticos naturales secretados por todas las glándulas, estos antibióticos pueden ser inactivados por la glucosilación.

Esas proteínas actúan en forma local, sin circular en la sangre y, por lo tanto, **protegen las aberturas corporales** que contactan el medio ambiente y que son puntos de entrada de microbios (fosas nasales, boca, conductos auditivos, ano, uretra, vagina).

Esta independencia del medio interno (sangre), protege normalmente contra la glucosilación a esos antibióticos naturales, los que peligran que vayan a glucosilarse cuando los niveles de glucosa sanguínea sean tan altos, que ésta **difunda e infiltre a la glándulas productoras** de esas substancias antimicrobianas.

El efecto perjudicial del E. en la diabetes se confirma ampliamente en la investigación experimental. La rata con el páncreas reducido quirúrgicamente, modelo de menor disponibilidad insulínica, sometida a E. repetidos (simulación de curso crónico) desarrolla **diabetes permanente**. La menor disponibilidad de insulina la hace **vulnerable**, ya que en la rata con páncreas intacto no se produce tal diabetes. Estas observaciones sugieren que en las personas con tolerancia a la glucosa disminuida (toleran mal las alzas de azúcar) y que con los años algunas llegan a desarrollar diabetes permanente, se deba al haber estado sometidos a E. repetidos, ya que **la tolerancia disminuida significa menor disponibilidad de insulina**.

Se puede apreciar entonces cómo el E. tiene varias formas para exacerbar la evolución de una persona diabética: por producir hiperglicemia sostenida, por aumentar la hormona de crecimiento y de su mediador diabetógeno, la glicoproteína (identificada con transferrina), cuyo mecanismo de acción más probable es por acción sobre el receptor de insulina, al cual la glicoproteína cubrirá, obstaculizando la acción insulínica.

El efecto neutralizador de la sulfonilurea tiende a enriquecerse cuando vemos que también es capaz de inhibir a la hormona de crecimiento, disminuyendo sus efectos diabetogénicos y suprimiendo experimentalmente la hiperglicemia del E. por contención en la rata.

En estas condiciones, la prevención del E. marcha por la ruta del empleo de sulfonilurea o de propanolol, un bloqueador adrenérgico que también **suprime la hiperglicemia generada por el E.** en condiciones experimentales (Vargas, 1996). Estas sugerencias derivadas de la experimentación básica aún no han sido sometidas a pruebas clínicas (por ejemplo, sulfonilureas administradas antes de una operación quirúrgica mayor; propanolol antes de pruebas estresantes), pero significan **inicios valiosos** que pensamos son potencialmente válicos.

PARTE 2

ASPECTOS PSICOLÓGICOS Y PSICOPATOLÓGICOS DEL ESTRES

Capítulo 6

Aspectos psicológicos del E: E y salud mental

La parte 1 del presente libro se dedicó a describir algunos de los hallazgos y conocimientos más prominentes del E. en el campo psicofisiológico e intentamos dar una definición que en este capítulo hemos actualizado en la idea que al penetrar en el ámbito psicológico, conoceremos mejor el E. La incursión en lo psicopatológico (alteración del funcionamiento psicológico) está dirigida más a estudiantes, psicólogos y médicos que al lector en general, pero creemos que éste también podría sacar provecho de ella.

Definición

"Estrés es el comportamiento heredado, defensivo y/o adaptativo, con activación específica neuro-endocrino-emocional ante un estímulo percibido como amenazante (estresor) para nuestra integridad o bienestar."

Dedicaremos buena parte de nuestros esfuerzos a desarrollar más en detalle esta definición propuesta desde un punto de vista psicológico y de las bases que la sustentan. El lector debe tener presente que simplificaremos ideas, sin que pierdan su sentido original y esperando que le sean de ayuda práctica para conocer el E., los estresores y sus efectos y cómo poder manejarlos.

Respuesta a un estresor

El E. es, según nuestra definición, **una respuesta a un estímulo estresante**. Este estímulo tiene la característica básica de percibirse como amenazante. En este punto debemos hacer notar que el sentido de amenaza está dado ya sea internamente o de modo externo; es decir, el riesgo de ser atropellados será percibido por la mayoría de las personas como una amenaza para su vida (**amenaza externa**). Sin embargo, un ascenso laboral puede ser visto como un logro que proporciona satisfacción o genera ansiedad (**amenaza interna**).

Se colige del capítulo 1 que nos referimos al **estresor** cuando hablamos de estímulo amenazante. Para propósitos didácticos nos parece útil usar la clasificación de Dorothy Cotton, 1990:

1. **Estresores físicos**: condiciones que nos afectan primordialmente en nuestro cuerpo tales como los cambios extremos de temperatura, la contaminación ambiental, un choque eléctrico o el ejercicio prolongado.

2. **Estresores psicológicos**: aquellas amenazas que son atribuibles a la reacción interna de la persona, pensamientos, sentimientos y preocupaciones acerca de amenazas percibidas. Cotton destaca cómo estos estresores son más subjetivos dado que la **amenaza involucra la interpretación que hace la persona de un determinado suceso**.

3. **Estresores psicosociales**: provienen de las relaciones sociales, generalmente por aislamiento o excesivo contacto (como ocurre en condiciones de hacinamiento).

Ciertamente que no es posible separar completamente estos estresores entre sí, ya que habitualmente coexisten e incluso en el próximo capítulo veremos una subdivisión de ellos con propósitos clínicos. Lo que nos parece interesante rescatar es el hecho que **no necesariamente todo evento problemático tiene el carácter de estresor**.

Estrés es el comportamiento heredado, defensivo y/o adaptativo

Mucho se ha discutido acerca del E. como **respuesta heredada o innata** y su utilidad en el ser humano en las actuales condiciones de vida. Digamos de manera introductoria que nuestra definición apunta a dar respuesta a esta inquietud: **es un comportamiento grabado en nuestros genes** que nos permite alertarnos del peligro y reaccionar ante él y eso explicaría su aporte a la sobrevivencia de la especie (Vargas, 1996). Sin embargo, creemos que éste se ha exagerado y se ha subdimensionado el **aspecto adaptativo** que dice relación con las respuestas que a diario nos exige el medio, pero que no son amenazas vitales, sino de menor monta.

De esta manera estamos de acuerdo con la definición que Lazarus hace del E.: **"es la relación entre la persona y su medio que es percibido como excesiva para sus recursos o amenaza su bienestar"** (1984).

Agregaremos que esta amenaza puede también ser vista por la persona como un **"desafío"**, como ocurre en el estudio de los paracaidistas mencionado en la parte 1.

El E. tiene mucha relación con el estudio de las emociones y de la ansiedad, de ahí que se ha producido cierta confusión al momento de las definiciones usadas y de los resultados de investigaciones.

Aclaremos que es posible desglosar el E. como respuesta a lo menos en tres grandes áreas:

A) El área neuroendocrina, tratada en los capítulos previos y que dice relación con la activación parcial o completa del eje hipotálamo-hipófisis-suprarrenal. Deseamos reiterar el notable paso que significaría determinar que aquellas respuestas a eventos que no elicitan una descarga de ACTH, en realidad **no producen E**. Esto tiene enormes consecuencias para nuestros análisis posteriores.

Más aún, existen otras investigaciones que han mostrado una clara diferencia en la respuesta autonómica de emociones producidas por imaginería intensa, pero controlada, **midiendo la presión arterial y el pulso sanguíneo**. Las respuestas fueron diferentes para el temor, la relajación y en un grupo de personas controles. En estos casos la diferencia estaría en si el aumento de la adrenalina se acompaña o no de aumento de cortisol (a este último lo llamábamos "emoción simple").

Dentro de esta misma área, cabe destacar con algún detalle la teoría de Jeffrey Gray (1982), que ha dado mucho apoyo a las investigaciones sobre ansiedad. Aunque el modelo está siendo sobrepasado, para el lector puede ser interesante conocerlo, por sus implicancias para la comprensión del E. A diferencia de lo anterior, lo que postula Gray es que **la personalidad y las emociones** estarían determinadas por dos sistemas afectivo-motivacionales reconocibles anatómicamente en el encéfalo. De esta manera, nosotros reaccionaríamos frente a estímulos negativos tales como l**os castigos, la novedad imprevista o la falta de recompensas**, inhibiendo nuestra conducta y redirigiríamos nuestra atención a otros estímulos.

Este proceso ocurriría por activación del **sistema inhibitorio de la conducta**, que radicaría en el sistema neuronal **septohipocámpico**, cuya función podría ser comparar estímulos esperados con los que realmente percibimos. La inhibición exagerada de este sistema por una mayor sensibilidad al castigo explicaría la angustia en sus bases biológicas.

Existe en este modelo su contrapartida, es decir, que estaríamos dotados de un **sistema motivacional apetitivo** o positivo que tiende a activar nuestra conducta en situaciones de probable recompensa o en evitación activa de un peligro o castigo. Situaciones que nosotros evaluamos como de **esperanza, satisfacción o alivio** "encenderían" este sistema, que estaría radicado en vías dopaminérgicas (para los más eruditos les aclaramos que sería en el área tegmental ventral y el striatum ventral).

Es el interjuego de estos sistemas lo que explicaría a lo menos en parte las bases neuro-endocrinas de la respuesta del E. y las formas que podría adoptar según la **situación y la persona** (Barlow, 1988).

B) La respuesta del E. desde el área cognitiva

La segunda área que involucra la respuesta del E. es el proceso cognitivo que ocurre en nosotros frente a los estímulos externos que nos generan E. Creemos que los estímulos ambientales e internos pasan por una **estimación subjetiva de la persona** (appraisal) expuesta al estímulo. Dejamos de lado las amenazas directas y reales (accidente, caída brusca, terremoto); queremos dar énfasis al conjunto cotidiano de amenazas estimadas.

Ha sido Lazarus quien, según nuestra opinión, ha propuesto un modelo comprensivo para este fenómeno, considerando además la respuesta de la persona al estresor o "afrontamiento" (**coping**), que veremos más adelante.

Este autor define la "estimación" como un **proceso cognitivo evaluador** que interviene entre el encuentro con el estímulo y su reacción.

Ahondando más, Lazarus define 3 tipos de "estimación":

Una primera "estimación" es realizada por la persona en cuanto a tener su propio juicio acerca del encuentro con el estímulo y determinar si es **irrelevante, benigno o positivo, peligroso o "estresante"**. Conviene destacar aquí que hay estresores que desencadenan una respuesta instantánea que a veces no alcanza a ser procesada conscientemente.

Un **estímulo irrelevante** será para nosotros leer una noticia sobre una derrota deportiva que no tiene atingencia emocional.

Un **estímulo positivo**, será para algunos autores como Selye una situación estresante, en tanto para nosotros no lo es, tal cual lo postula implícitamente Lazarus. Así, creemos que por el contrario, un encuentro familiar o una celebración constituyen **sucesos que nos "protegen" de los eventos estresores**. Cuando la "estimación" propia determina que la situación es estresante, este autor considera que lo estresante puede ser evaluado como **daño/pérdida** (es decir el daño ya ha ocurrido); como **amenaza** (en la cual se anticipa el daño); o como **desafío** (lo cual presupone la posibilidad de adquirir dominio sobre la situación).

Una segunda "estimación" sucede a la anterior y se refiere a la evaluación de las opciones de "afrontamiento" (coping) que la persona dispone o **"de cómo arreglárselas con el problema"**. Esta evaluación incluirá considerar las opciones que están disponibles para ser usadas en la situación, si serán o no efectivas y si la persona en cuestión será capaz de usar una determinada estrategia de "afrontamiento o lucha".

La tercera "estimación" es en realidad una **reevaluación (reaprraisal)**, la cual puede surgir a partir de algo nuevo ocurrido alrededor de la persona o desde ella misma. También puede ser el resultado de los esfuerzos cognitivos desplegados para afrontar la situación. En los paracaidistas, estudio que ya hemos citado, se concluye que hay "lucha" y que se supera y que ésta les permite alcanzar la **"maestría o afrontamiento exitoso"**.

C) El área de la conducta manifiesta del E.

Aunque también ha sido ya nombrado al referirnos a lo fisonómico como evidencia visible del E. en las personas sometidas a amenazas, podemos agregar aquí que existen hoy por hoy suficientes pruebas para postular que el temor generado en el E. es innato, así como su expresión facial, dado que es posible de observar en niños ciegos de nacimiento y en adultos de diferentes culturas (Mark Knapp, 1995). Más aún, la expresión facial y no verbal tiene un valor adaptativo no sólo para la persona afectada, sino que **permite comunicar** el peligro a otros miembros de su especie. Sin embargo, ello no descarta que la respuesta vaya tomando diversas formas complejas de aparición dadas las experiencias que va teniendo la persona durante su vida.

Lo inconsciente en el E.

Al completar la descripción de la respuesta del E. y sus áreas no podemos soslayar los aspectos inconscientes observables en esta respuesta. Si analizamos la respuesta fisiológica, una gran parte de ella transcurre sin que nos percatemos excepto porque sus consecuencias nos transforman psíquicamente de manera transitoria.

El enfoque planteado por Lazarus(1984) al que nosotros adherimos, se basa fundamentalmente en la percepción consciente de la persona respecto al evento estresante, y consideramos que al lector le será de mayor ayuda práctica.

La psicología tiene entre sus grandes fundadores a Sigmund Freud, creador del psicoanálisis, método para comprender a las personas cuyos fundamentos están en los procesos inconscientes que conforman nuestra vida sicológica. El fue uno de los primeros en hablar de mecanismos de defensa del yo frente a impulsos potencialmente dañinos para la persona. Desafortunadamente, la metodología científica actual no nos permite escudriñar con certidumbre en estos mundos más profundos.

Sin embargo, el actual desarrollo de las neurociencias y sus métodos nos ofrecen reconfortantes promesas. Recientemente, estudios realizados con imágenes funcionales del cerebro, que reflejan el grado de captación de oxígeno en diferentes áreas, han mostrado que frente a rostros temerosos se activa una área llamada **amígdala, estructura que se sabe almacena la memoria emocional, especialmente el temor**. Más interesante ha resultado el hecho que si estos rostros se muestran con gran rapidez y la persona no está consciente de ellos, la amígdala de su hemisferio derecho se activa, mientras que la del lado izquierdo lo hace sólo cuando la persona está consciente de lo percibido. Estos hallazgos sugerirían que el lado izquierdo estaría involucrado en la respuesta consciente y el lado derecho en nuestra mente inconsciente (C. Mlot, 1998).

Uno de los autores (L.V.F.) ha propuesto una descripción de **las respuestas espontáneas de las personas sometidas a E. de contenido psíquico muy doloroso**. La presentamos aquí por su pertinencia a lo recién mencionado. Según el tipo constitucional, hay tendencias individuales para enfrentar el E., de las cuales mencionaremos las siguientes:

1. **Olvido**. Un mecanismo defensivo de real ayuda.

2. **Elaboración explicativa**. Encontrar explicaciones tranquilizadoras. Contribuyen a disminuir la respuesta estresante.

3. **Rechazo (Negación)**. No existió.

4. **Rendición**. Aceptarlo como inevitable.

5. **Rumiación**. Caer en el error de seguir pensando o comentando la experiencia desagradable.

6. **Desvalorización del estresor**. Analizar el estresor cuando es conocido y minimizar su peligrosidad (percance en un avión).

7. **Frustración**. Ser sobrepasado por el estresor y pasar a sentirse deprimido.

8. **Propia acusación**. Lamentarse por haber sido responsable (atropello).

Un estresor que amenaza nuestra integridad o bienestar

Lo que clásicamente se ha descrito como la imagen de la respuesta del E. es a nuestro antepasado cavernícola corriendo desaforadamente para escapar de un tigre dientes de sable.

Sin duda, es estremecedor pensar cómo nos sentiríamos siendo presa de una bestia de ese calibre. Este es un muy buen ejemplo de **una amenaza a nuestra integridad física**.

Hoy en día ejemplos para esto serían un asalto con armas, el riesgo de sufrir un accidente automovilístico, un secuestro, etc.

Pero no sólo nuestra integridad física se pone en juego; múltiples estímulos nos afectan psíquicamente, tanto como para hacernos temer perder la cordura. En el capítulo siguiente veremos cómo hay estresores tan intensos que efectivamente nos desestabilizan síquicamente y comprometen nuestra integridad como persona.

Lo anterior describe el concepto clásico del E., pero según nosotros de manera exagerada, en cuanto lo restringe a ser una respuesta de pánico solamente. Si consideramos en cambio una perspectiva diferente, como la que plantea la Organización Mundial de la Salud, ella nos ofrece tres criterios esenciales de salud mental de un individuo, que son:

a) el conocimiento y aceptación de sí mismo; *b*) la correcta percepción del ambiente, y *c*) **la aptitud para la integración**, que le permita hacer frente a las necesidades y dificultades de la existencia, tanto en **períodos de crisis** como ante **los continuos esfuerzos de adaptación que exige la vida cotidiana** (J. L. González de Rivera y Revuelta, 1993).

En este sentido varios estudios han mostrado que el **desempeño (performance)** de una persona sujeta a tensión o presión aumenta hasta un cierto punto para luego decaer si la presión lo sobrepasa.

Para nosotros estos criterios se acercan mucho al planteamiento que hemos sostenido respecto al E. como respuesta que surge no sólo frente a **grandes adversidades**, sino también frente a aquellas de **menor calibre que amenazan nuestro bienestar**. Estamos de acuerdo con Semionovich en cuanto a que a la **adaptación moderna es fundamentalmente una de tipo social** más que enfrentar amenazas a nuestra vida.

Definir bienestar es tarea magna y nos tomaría un espacio que el lector no aceptaría. De modo que nosotros planteamos que el **bienestar es un concepto relativo**, en cuanto tiene aspectos **objetivos y subjetivos** (cada persona tiene un cierto concepto de lo que para ella es Bienestar), y que puede entenderse **como un continuo** que va desde una persona que satisface por completo los criterios enumerados anteriormente hasta otra que se encuentra en el extremo opuesto, en situación de Malestar. Este continuo puede **equipararse** con el concepto de **salud y enfermedad** (B. Walton, 1981). Recordemos que para Epicuro, Bienestar era la salud del cuerpo, junto con la tranquilidad del alma (espíritu).

Como se verá en el capítulo siguiente, los conceptos de Bienestar y Malestar han sido operacionalizados en Siquiatría con buenos resultados *(figura 27)*.

Si continuamos con nuestro análisis, veremos que la evidencia parece apoyar nuestros postulados. Desde que el E. fue cobrando vigencia como concepto, difundido por Selye y otros, una serie de investigaciones apuntaron a **medir el peso específico de posibles estresores**. La más conocida es la escala de

Holmes y Rahe, que da puntaje a situaciones vitales de mayor y menor importancia, sean éstas positivas o negativas para la vida de la persona (1967).

Desde entonces se ha generado una discusión acerca de esta aproximación al problema que ha llevado a "**desmenuzar**" los estresores y reagruparlos. Sin embargo, Vargas ya había llamado la atención acerca de la mezcla indebida de estresores desagradables y agradables (Vargas, 1981).

De esta manera ha surgido una categoría llamada de **eventos vitales estresantes (life stress events)**, que según nosotros correspondería a **eventos estresores mayores**, como la muerte de alguien querido, un divorcio, dificultades económicas importantes o una enfermedad grave, teniendo siempre un **carácter negativo para la persona**.

Hay una extensa literatura que demuestra que hay conexión entre estos eventos estresantes y enfermedades tanto físicas como síquicas, aunque pareciera que **su efecto no es específico** sino que sería un precipitante o desencadenante que actúa sobre alguien vulnerable ("**la gota que derrama el vaso**").

En contraste con la categoría anterior, Lazarus, junto con Vargas, ha sido uno de los pioneros en el estudio de los efectos de los **estresores menores** y de los **eventos positivos** sobre la vida de las personas.

Ambos autores postulan que es el **éxito en la adquisición de maestría** frente al manejo de **estresores menores o líos (hassles)** y la presencia variable de **eventos positivos (uplifts)** en la vida de una persona lo que determinaría su bienestar y la presencia de enfermedad o agravación de ésta. Concordamos con F. Lolas en cuanto a que el **tabaquismo** pueda así ser conceptualizado como un fracaso en el afrontamiento de estresores de la vida diaria (1995).

La literatura ha tendido a apoyar estas afirmaciones al demostrar que los estresores menores son **mejores predictores del estado de salud** que los eventos estresantes mayores (Kanner, 1981).

Estamos muy de acuerdo en considerar que los eventos favorables de nuestra vida diaria, "**eventos que nos hacen sentir bien**", debieran ser una protección emocional contra las agresiones a nuestro equilibrio síquico.

Sin embargo, se hace necesario aclarar conceptos: los estresores menores, según algunos autores incluyen problemas de trabajo como "demasiadas reuniones", de salud como "preocupaciones sobre el peso corporal", de familia como "no tener suficiente tiempo para la familia", de amistades como "compañías inesperadas" y del ambiente como "deterioro del barrio".

A diferencia de ellos, nosotros postulamos que habría un conjunto de **estresores intermedios** que también podrían generar dificultades de adaptación y, en último término, **enfermedad**. Nos referimos a situaciones que se observan con más frecuencia en estratos socioeconómicos medios y bajos, tales como problemas de vivienda, de movilización, de alimentación, de apoyo emocional y cuyo impacto está siendo estudiado (British Medical Association, 1987).

En la práctica clínica de uno de los autores (C.C.) es frecuente observar cuánto influyen estos estresores en la génesis y mantención de problemas sicológicos, y que con frecuencia tienen un **carácter crónico**, sobreponiéndose un conflicto sobre otro, haciéndose más difícil plantear soluciones.

La literatura del E. debe considerar estos estresores intermedios y sus consecuencias. El riesgo de no hacerlo lo ha planteado ya F. Lolas al decir que "la literatura del E. reproduce en ocasiones el discurso convencional de la sociedad que lo produce, destacando valores implícitos en las clases medias del mundo occidental", refiriéndose a que sólo se estudian estresores que afectan a un segmento de la población desconociendo otros (1995).

A modo de resumen podemos decir que **la respuesta del E. es multidimensional**, lo que hace complejo su estudio, pero que básicamente nuestras predisposiciones y/o vulnerabilidades deben afrontar eventos estresantes de distinto calibre, suavizados por los placeres de la vida y ello podría determinar nuestro bienestar o malestar, tal como lo ejemplificamos en las *figuras 24 y 25*.

Afrontamiento y adquisición de maestría

En este punto de nuestro análisis parece fundamental referirnos al **afrontamiento (coping)** frente a las situaciones estresantes y la posibilidad de que

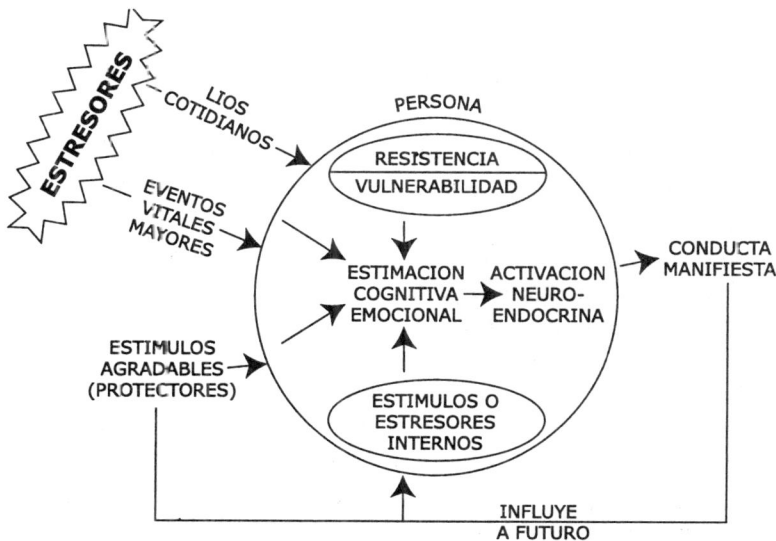

FIGURA 24
Representación sintética del flujo de eventos que realiza la persona en estrés.

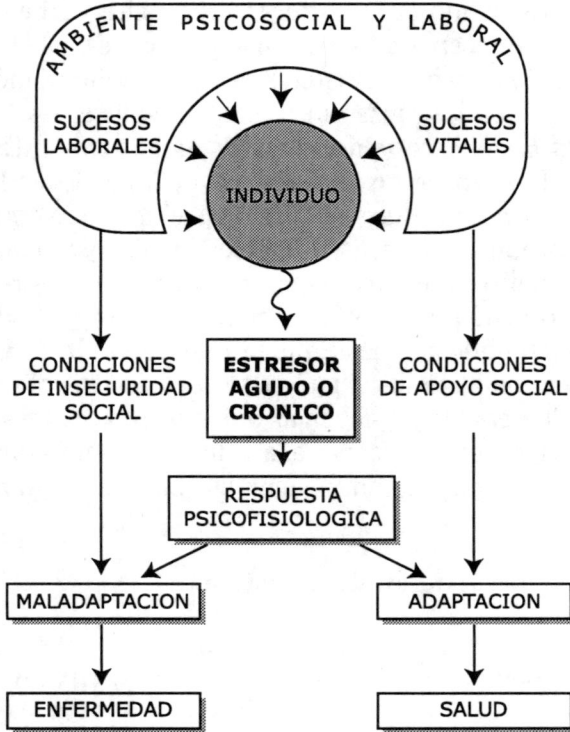

FIGURA 25
Importancia de la adaptación.
Representación de las reacciones del individuo inmerso en su am-
biente social (modificado de M. Trucco y L. Vargas, 1984).

éste tenga éxito. Para ello ocuparemos los conceptos desarrollados por Lazarus, quien distingue entre las **estrategias** de afrontamiento y los **resultados** del afrontamiento.

Entre las estrategias de afrontamiento distinguiremos dos tipos: una **enfocada al problema que nos afecta** y la otra **enfocada a la emoción que el problema produce en nosotros**. La primera estrategia busca modificar la situación que nos ha provocado E. y en general se la considera más efectiva que la segunda, que está referida a la atenuación de la emoción desencadenada por el E. El enfrentar una situación estresante puede ejemplificarse a través de un accidente: lo más probable es que un afectado por él que pide ayuda activamente tenga mejores probabilidades de salir adelante que aquel afectado que llora desconsoladamente sin moverse del sitio.

Sin embargo, la estrategia de afrontamiento enfocada a la emoción también es útil, en especial en situaciones en las cuales poco podemos hacer: es frecuente que en las terapias de pareja se favorezca el desarrollo de la tolerancia y del humor como un modo de atenuar las emociones negativas producidas por los conflictos que los traen a consultar, para luego concentrarse en la modificación de la situación problemática.

Respecto a estas estrategias, S. Covey (1997) plantea que todos tenemos un círculo de problemas que es mayor que nuestro círculo de influencia, es decir, de nuestra área de acción. Frente a una crisis económica ciertamente que hay variables que no podemos controlar, como las alzas de los valores transados en la Bolsa, pero sí hay algunas que nos conciernen y sobre las cuales podemos actuar con energía, como preocuparnos de nuestros gastos de casa, la calidad de nuestro trabajo, etc.

El afrontamiento del E. es un problema que nos acompaña desde el estado fetal. Ya el feto responde a la ansiedad de la madre de maneras diversas. Es más, podemos afirmar que en nuestros genes viene dada en parte esta capacidad de hacer frente a la vida. La expresión popular que hay personas "**operadas de los nervios**" parece hoy un hecho científicamente comprobado: nacemos con umbrales de ansiedad diferentes frente a los estresores.

Tan importante como lo anterior ha demostrado ser la calidad de la relación que establecemos con quien nos cuida cuando niños, que generalmente son los padres, y "**ha demostrado ser el único factor más importante en determinar cuán bien afrontarán los niños estresores particulares**" (Auerbach y cols., 1998).

El afrontamiento es también una característica que va desarrollándose a lo largo de la vida: el recién nacido usa el llanto para pedir ayuda cuando tiene hambre; ya mayor pide que lo suban en brazos cuando quiere cariño.

Cuando es capaz de desplazarse él mismo aprende a enfrentar amenazas como el mover objetos que le obstaculizan el paso. Es en la etapa escolar donde tienden a verse con más frecuencia **el uso de estrategias de afrontamiento enfocadas al problema** para lidiar con los estudios o con los problemas con amigos. El apoyo de los padres les permite formarse una sensación de seguridad al tiempo que sienten más confianza para intentar estrategias nuevas de afrontamiento. Es este el camino que como educadores nos corresponde fortalecer, pues del desarrollo de estas formas de afrontamiento se alcanza una "**maestría efectiva**" frente al E.

Sabemos en la actualidad que hay otros factores que favorecen esta mayor efectividad. Mencionaremos aquí la inteligencia, que en general es un buen predictor de un afrontamiento efectivo.

Nuestro bagaje de experiencias previas, en especial si han sido exitosas, también ha demostrado ser favorecedor de un buen afrontamiento de E. actuales, en cuanto nos permitieron aprender ("**más sabe el diablo por viejo que por**

diablo") y nos permitieron desarrollar una sensación de mayor confianza personal.

El optimismo, definido como el grado en que la gente tiene la expectativa generalizada de que las cosas buenas ocurrirán, favorece el que podamos ver los problemas actuales como transitorios y superables: "**los fracasos son vistos como desafíos por los optimistas y los estimulan a desarrollar un esfuerzo mayor para superar la adversidad**" (Auerbach, 1998).

Finalmente, no podemos dejar de mencionar que el apoyo de amigos o parientes es relevante para un afrontamiento exitoso y cabe destacar incluso que la sola percepción de apoyo disponible da de por sí seguridad a la persona para enfrentar mejor el E.

Capítulo 7

E Y PSICOPATOLOGIA:
CLARIFICACIONES DIAGNOSTICAS

En este capítulo nos abocaremos a la tarea de analizar y describir cuánto de lo mencionado en capítulos previos está siendo considerado en la clínica sicológica actual.

Para comenzar bien, es importante definir las fuentes principales de referencia que usaremos: en nuestro caso nos parece que el Manual Estadístico y Diagnóstico de Trastornos Mentales, cuya abreviación es **DSM-IV** y el Manual de Clasificación Estadística Internacional de Enfermedades y Problemas Relacionados con la Salud de la Organización Mundial de la Salud en su Décima Revisión (cuya abreviación es **CIE-10**) son los más indicados. El primer Manual surgió en su primera versión a comienzos de los 50, como un modo de establecer consensos diagnósticos internacionalmente reconocidos, lo que favorecería la comunicación y las comparaciones entre estudios. Desde 1994 está en vigencia la cuarta versión de este Manual. Actualmente su uso es generalizado entre sicólogos y siquiatras para definir la problemática sicológica de una persona.

El segundo Manual tiene una trayectoria más prolongada e incluye todas las enfermedades clasificables, teniendo un capítulo, el V, dedicado a los trastornos mentales y del comportamiento. Ambas clasificaciones se parecen mucho y en el futuro próximo se espera que se fusionen. Por lo tanto, su análisis nos permitirá apreciar cómo se maneja clínicamente el concepto de E. y qué aplicaciones se han propuesto.

Iniciaremos el reconocimiento de los trastornos relacionados al E. partiendo por los más leves y luego describiremos los de mayor impacto.

TRASTORNO DE ADAPTACION

Lo que primero le llamará la atención al lector es que no se usa el diagnóstico de "**estar estresado**", como uno frecuentemente lo escucha en reuniones sociales o de los propios pacientes. En estos Manuales en cambio, su equivalente clínico es el **Trastorno de Adaptación**. Esta entidad clínica se ha determinado que existe como tal, basándose en investigaciones de grupos de personas que muestran este trastorno y que se diferencia de otros, como un cuadro depresivo, por ejemplo. Es interesante notar que Selye dio énfasis desde un comienzo al concepto de **Mal adaptación**. Sin embargo, su enfoque fue hacia lo biológico con prescindencia de lo psicológico.

Las características básicas del Trastorno de Adaptación son las siguientes: es un estado de perturbación psicológica, con síntomas emocionales (angustia) o de la conducta, que se producen en respuesta a un estresor identificable y tiene lugar dentro de los 3 meses siguientes a la presencia de éste. Esta definición inicial alude a un proceso de adaptación insuficiente pero transitorio que supera la **capacidad de afrontamiento** (**coping**) de la persona y por esto se especifica que los síntomas producen un malestar mayor de lo esperable en respuesta al estresor e interfieren con el funcionamiento laboral y/o social. El desfase de 3 meses hizo difícil su reconocimiento.

Los estresores, debemos enfatizar, están dentro del rango de las experiencias normales. Entre los descritos se mencionan las experiencias de separación matrimonial, fracaso académico, enfermedad, jubilación, nacimiento de un hijo, pérdida del empleo, etc.

Como corolario de lo anterior, el CIE-10 enfatiza que "**la predisposición o vulnerabilidad individual**" desempeña un papel importante en el riesgo de presentación y en la configuración de las manifestaciones de los Trastornos de Adaptación, si bien se acepta que "la afección no habría surgido sin la acción del factor estresante".

Los síntomas que surgen durante el Trastorno son múltiples, pero nos parece útil mencionar la clasificación que hace el DSM-IV, que diferencia los Trastornos según si hay uno de tres estados de ánimo: **depresivo, ansioso o de alteración de la conducta**.

En el primer caso, la persona puede presentar "**estado de ánimo depresivo, llanto o desesperanza**". En el segundo, hay "**nerviosismo, preocupación o inquietud**" y en el tercer caso hay **alteraciones del comportamiento**, "**en la que hay una violación de los derechos de los demás o de las normas y reglas sociales apropiadas a la edad** (por ejemplo: vagancia, vandalismo, conducción irresponsable, peleas e incumplimiento de las responsabilidades legales)".

Ciertamente que una persona puede presentar una mezcla de síntomas que abarquen más de un tipo de los arriba mencionados.

El CIE-10 agrega también algunas características típicas de este Trastorno, tales como "**sentimientos de incapacidad para arreglárselas, para planificar el futuro o para continuar con la situación actual**".

No ha de pensarse que estas tres formas clínicas de presentación (depresiva, ansiosa o con alteración del comportamiento) sean propuestas teóricas. De ninguna manera es así e insistimos en que son realidades clasificables como enfermedades, que se confunden con "depresión" y que ahora se les reconoce como distintas.

De acuerdo a los estudios, se espera que las personas con el Trastorno de Adaptación dejen de presentar síntomas en los 6 meses siguientes al cese del evento estresante, es decir, lograrían recuperar su nivel previo de funcionamiento sicológico y social. Sin embargo también se describe que este trastorno pueda ser crónico, es decir que dure más de 6 meses, siempre y cuando persista el estresor o éste haya producido un daño permanente. La Tabla 2 muestra algunas de las alteraciones más frecuentes relacionadas con el sistema nervioso autonómico.

TABLA 2
Sistema.

Adrenérgico	Colinérgico
Taquicardia intensa ante Estresor	Cefalea
Taquicardia paroxística	Espasmos esofágicos
Hipertensión arterial	Erosión gástrica
Hiperglicemia	Erosión duodenal
Ansiedad, Angustia	Colon irritable
Agresividad	Colitis ulcerosa
Cansancio intelectual	Inestabilidad psíquica
Avidez alimentaria (Polifagia)	Dependencia exagerada del prójimo

Reacciones metabólicas y de comportamiento atribuibles a disfunción* del Sistema Nervioso Autonómico, producida por E. crónico (Vargas, 1984). * Disfunción o Desequilibrio, pensado en términos de predominio (por aumento absoluto o relativo) del componente adrenérgico sobre el colinérgico o viceversa.

IMPORTANCIA DEL TRASTORNO DE ADAPTACION

La importancia que tiene este trastorno ha sido subvalorada según nuestro criterio. Clarificamos esto en el siguiente resumen:

Primero, es un trastorno frecuente [entre un 5% a 20% de personas en tratamiento mental ambulatorio en EUA. (DSM-IV)]. Afecta por igual a hombres y mujeres, pero ciertamente puede desarrollarse con más frecuencia en personas vulnerables, como minusválidos, viudos, cesantes, etc.

Segundo, es un trastorno que la gente tiende a ver **como similar a una "depresión"**, **siendo diferentes clínicamente**, y que requieren abordajes distintos (aunque el Trastorno de Adaptación podría ser la antesala de un cuadro depresivo mayor si la persona no logra salir adelante).

Valdría la pena aclarar que en un cuadro depresivo mayor es posible observar un ánimo persistentemente bajo, con pérdida de la capacidad de disfrutar lo que habitualmente se disfrutaba, sensación de cansancio profundo, insomnio o sueño muy poco reparador, falta de apetito con posible descenso de peso, poco deseo sexual, etc.

Tercero, consideramos que la ayuda que se pueda prestar a una persona en estas condiciones puede ser muy valiosa, en especial en un sentido preventivo: un buen diagnóstico, apoyo emocional del terapeuta y de sus pares, aprendizaje de nuevas estrategias para enfrentar y resolver su situación, etc., dejarán a la persona mejor capacitada para afrontar nuevos estresores.

Cuarto, el manejo farmacológico de estos pacientes debe ser muy cuidadoso, para evitar que sea visto como "la solución" a sus problemas.

Ejemplo: Recuerdo a una mujer joven que me tocó atender: ella estaba por terminar sus estudios universitarios y se encontraba angustiada e insegura de poder afrontar su nueva etapa como profesional. Indagamos juntos el origen de sus temores y ella descubrió que su familia "descansaba" mucho en ella en lo económico y lo emocional y eso le significaba una importante carga emocional, y también tenía relación con la no existencia de modelos profesionales exitosos en su nucleo de origen. Este descubrimiento le permitió clarificar en parte la causa más profunda de su ansiedad y restarle valor a algunas premisas irracionales que ella se había fijado, como la de ser el sostén de su familia a cualquier precio. Posteriormente, diseñamos una estrategia de enfrentamiento en la búsqueda de trabajo e hicimos juego de roles, simulando entrevistas de empleo. De esta manera, se "atrevió" a hacer su práctica profesional y luego fue contratada en la misma institución por su buen desempeño. A estas alturas, ella dejó de asistir a terapia y tiempo después supe que había ingresado exitosamente al mundo empresarial.

TRASTORNO POR E, AGUDO O POST-TRAUMATICO

El otro término usado con frecuencia por los pacientes es el **"estar choqueado"**, refiriéndose a su respuesta frente a un suceso traumático importante, como un asalto.

Nuevamente, los manuales mencionados muestran una equivalencia técnica: trastornos por Estrés, Agudo o Post-traumático.

Tal como apunta Kaplan, "**por definición, el estresor es el factor causal primario en el desarrollo del Trastorno**" (1996).

Se considera entonces que lo básico es que una persona, que no presenta ningún otro trastorno mental aparente, se ve expuesta a un acontecimiento traumático, ya sea como primera persona, como testigo o que le explicaron de un suceso que implicaba muerte o amenaza para su integridad física o la de los demás y esta persona respondió con temor, horror o intensa desesperanza. La persona a raíz de lo sucedido presenta síntomas clínicamente significativos, con deterioro de su actividad laboral y/o social.

En el caso de **Trastorno por Estrés Agudo**, la persona en cuestión presenta durante o después del suceso un estado de "**aturdimiento**", con la impresión de "**no ser el mismo**", "**de que la realidad parece diferente**", "**de estar distante emocionalmente de lo que está ocurriendo**" o con la imposibilidad de recordar el episodio traumático.

En este punto los manuales difieren respecto a la clínica del cuadro; mientras el CIE-10 no menciona otras características salientes del cuadro y menciona su brevedad, el DSM-IV se extiende algo más.

Ejemplifiquemos para aclarar: recuerdo haber leído la descripción de las diferentes reacciones que experimentaron aldeanos japoneses frente a un terremoto devastador que ocurrió en Japón en 1995. Recuerdo especialmente el caso de un zapatero que perdió su casa y su taller y que fue tal su impresión que deambuló por 2 ó 3 días sin reaccionar y "**volvió a la realidad**", sin recordar qué había hecho en ese período. Al momento de la entrevista se encontraba empeñado en realizar algún trabajo que le reportara ingresos.

Esta descripción se ajustaría bien a lo que es un Trastorno por Estrés Agudo, que es un cuadro que se inicia en el mes de ocurrido el suceso traumático y que en general dura entre 2 días y 1 mes.

El Manual DSM-IV en cambio, aporta otros síntomas que serían comunes para ambos trastornos; la persona que reacciona con un E. grave, generalmente presenta también lo siguiente: **Revive el suceso traumático persistentemente** en la forma de pensamientos intrusos, sueños a repetición o pesadillas sobre el acontecimiento, sensación de que el evento está ocurriendo, respuestas fisiológicas intensas frente a estímulos que recuerden el episodio; es decir no adopta el mecanismo del olvido.

Se desarrolla una evitación activa en torno a estímulos que recuerden el trauma, teniendo en cuenta que hay un embotamiento de la reactividad general del individuo con sensación de desinterés por actividades significativas, desapego afectivo y una sensación de un futuro desolador.

Por otro lado, se produce un aumento de la activación fisiológica (arousal) de la persona, con dificultades para conciliar el sueño, irritabilidad, dificultades para concentrarse e hipervigilancia.

El Trastorno por Estrés Post-traumático se diferencia del de Estrés Agudo por su duración, superior a 1 mes y puede tener un inicio demorado, apareciendo los síntomas después de 6 meses de ocurrido el evento.

Este último trastorno ha concitado mucho interés, dado que se observó con alguna frecuencia en soldados en combate y ya durante la Guerra Civil Norteamericana, dada la presencia de los síntomas autonómicos cardíacos, se le llamó **Corazón del Soldado** (Kaplan, 1998), lo que recuerda lo ya mencionado en la Parte I del libro.

RELEVANCIA DE ESTOS TRASTORNOS

Nuevamente, quisiéramos hacer hincapié en algunos conceptos sobre los trastornos recién descritos:

Primero, tal cual lo recalca Marcelo Trucco (1995), "el agente, o situación causal, sería intensamente perturbador para cualquier persona". De modo que se trata de cuadros que surgen a raíz de formas intensas de estresores.

Segundo, se han desarrollado en los últimos años, formas de manejo terapéutico, llamadas **Intervención en Crisis**, que han sido exitosas en ayudar a personas y grupos que han vivido, o lo están haciendo, situaciones estresantes graves como terremotos, inundaciones, etc.

Tercero, el Trastorno del E. Post-traumático, estudiado en relación a situaciones de guerra, se ha observado que puede presentarse también en población civil en situaciones de abuso sexual en mujeres, en asaltos o en casos de tortura. La prevalencia determinada por P. Rioseco en la provincia de Santiago (1994), muestra una cifra cercana al 4% en la población general, siendo 2 veces más frecuente en mujeres que en hombres.

Cuarto, no podemos dejar de mencionar que ha sido igualmente complejo evaluar el factor vulnerabilidad en la génesis de estos trastornos. Así, M. Trucco menciona como factores favorecedores una historia familiar de inestabilidad, separación temprana de los padres, ansiedad previa e historia familiar de ansiedad (1995).

Hasta aquí hemos descrito cuadros clínicos caracterizados por su relación directa con la presencia de estresores y que están incluidos en el área de los Trastornos de Ansiedad de los Manuales que hemos usado como referencia.

CONSIDERACION DEL E EN LA GENESIS
O MANTENCION DE PATOLOGIA MENTAL

La investigación actual no ha sido del todo concluyente en establecer que el E. sea **causante** de otras enfermedades mentales como los trastornos del ánimo y de ansiedad. Sapolsky (1997) ha planteado que la disminución del neurotransmisor noradrenalina puede generarnos estados depresivos transitorios como el **"estar triste" (feeling blue) y que la depresión sería una intensificación de este estado.** Sin embargo, en los trastornos depresivos se ha precisado que la alteración bioquímica es compleja y que se trataría más bien de una desregulación de un conjunto de neurotransmisores y no sólo de la noradrenalina.

Aparte de la relación directa o indirecta del E. y ciertos cuadros clínicos, nos parece que uno de los elementos más notables es el reconocimiento de su importancia como **concepto operacional** y que se evidencia en la aproximación diagnóstica multiaxial utilizada por el Manual DSM-IV (1994).

El Manual en cuestión propone a los profesionales que lo usen como guía diagnóstica, la elaboración de una evaluación multiaxial para la persona en estudio.

Esta evaluación consta de 5 ejes complementarios en cuanto a la información que entregan de la persona:

Eje I.   Se refiere a los trastornos clínicos que presenta la persona.

Eje II.   Tiene relación con trastornos de personalidad y retraso mental.

Eje III.   Incluye las enfermedades somáticas que pueda presentar el paciente.

Eje IV.   Problemas psicosociales y ambientales que afectan a la persona.

Eje V.   Evaluación de la actividad global.

Tal cual lo explicita el Manual, este sistema de evaluación promueve la aplicación del modelo biosicosocial en clínica, enseñanza e investigación que hemos intentado representar en la *figura 26*.

APROXIMACION A LA CUANTIFICACION DEL E

En cuanto al tema que nos atañe, creemos que los Ejes IV y V están **"en armonía"** con lo que hemos estado proponiendo en el libro.

El Eje IV está claramente relacionado con el determinar cuáles estresores pueden estar afectando a la persona y su cuadro clínico: como dice el Manual "en

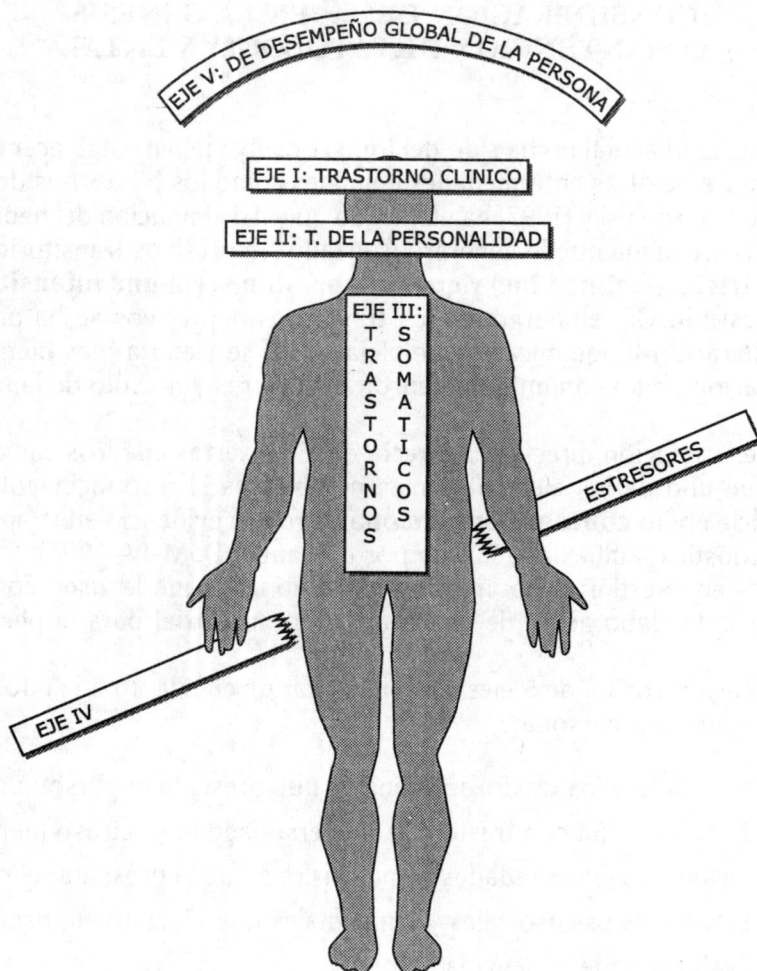

FIGURA 26
*Representación de la evaluación diagnóstica multiaxial sugerida por DSM
IV (1994).*

el Eje IV se registran los problemas sicosociales y ambientales que puedan
tener influencia en el diagnóstico, el tratamiento y el pronóstico de los trastornos mentales".

Para nosotros hay aquí un esfuerzo significativo en pos de enriquecer la aproximación a una persona enferma y el papel preponderante que asume el reconocimiento de los estresores y su relación con la enfermedad en general.

Este Eje considera sólo los estresores negativos y por conveniencia recomienda agruparlos según se trate de problemas relativos a las siguientes áreas:

- **Grupo primario de apoyo**: por ejemplo, perturbación familiar por separación.

- **Ambiente social**: por ejemplo, apoyo social inadecuado.

- **Enseñanza**: por ejemplo, problemas académicos.

- **Laborales**: por ejemplo, trabajo estresante.

- **Vivienda**: por ejemplo, conflictos con vecinos.

- **Económicos**: por ejemplo: pobreza extrema.

- **Acceso a los servicios de asistencia sanitaria**: por ejemplo, un largo período de espera para ser atendido.

- **Interacción con el sistema legal o penal**: por ejemplo, víctima de un acto criminal, una falsa acusación, etc.

- **Otros problemas psicosociales y ambientales**: por ejemplo, exposición a desastres.

Como se puede apreciar, es un intento exitoso, operacionalmente hablando, de abarcar un número significativo de estresores que apoyarán tanto al clínico como a la asistente social en terreno, para planificar una aproximación terapéutica y pronóstica.

Ciertamente que esta enumeración y su valoración en términos de impacto es fundamentalmente clínica, pero deja abierto un espacio a la investigación en el área en cuanto al peso específico de cada estresor en una determinada patología (W. Avison, 1994; S. Cohen, 1995).

Cabe destacar el gran avance de la investigación en los últimos años que ha significado el aporte de los Manuales. La evaluación del E., que parecía inabordable, aparece hasta manejable en clínica.

ACERCAMIENTO CUALI-CUANTITATIVO AL DESEMPEÑO DE LA PERSONA

En consonancia con lo anterior, el DSM-IV ha incluido, para apoyo a la evaluación clínica, la **Escala de Evaluación de la Actividad Global (EEAG)**. Esta escala, en palabras del propio Manual, "incluye la opinión del clínico acerca del nivel general de actividad del sujeto. Esta información es útil para planear el tratamiento y medir su impacto, así como para predecir la evolución" (Endicott y cols., 1976).

Una breve descripción de la escala nos ayudará a entender su utilidad y proyecciones.

Se trata de un instrumento que evalúa a una persona en un momento determinado en sus aspectos sicológico, social y laboral. Es una escala que va de 0 a 100 puntos como a lo largo de un continuo de salud-enfermedad. **La gravedad de la enfermedad será mayor mientras menor sea su puntaje**. Así, una persona que tiene un puntaje de 91 es alguien asintomático, con una actividad satisfactoria en una amplia gama de actividades, en tanto que una persona con 10 puntos será aquella en peligro persistente de lesionar gravemente a otros o a sí mismo, entre otras características (*figura 27*).

En palabras de Madders (1984), cuando una persona se encuentra bajo **una tensión sana**, ella se sentiría bien, con una actitud relajada y la recreación física le produciría placer. "Las demás personas lo consideran sano, adaptable y accesible. Posee en abundancia las cualidades necesarias para el éxito, a saber, pensamiento rápido y flexible, originalidad, vigor y la capacidad para

AREAS DE FUNCIONAMIENTO

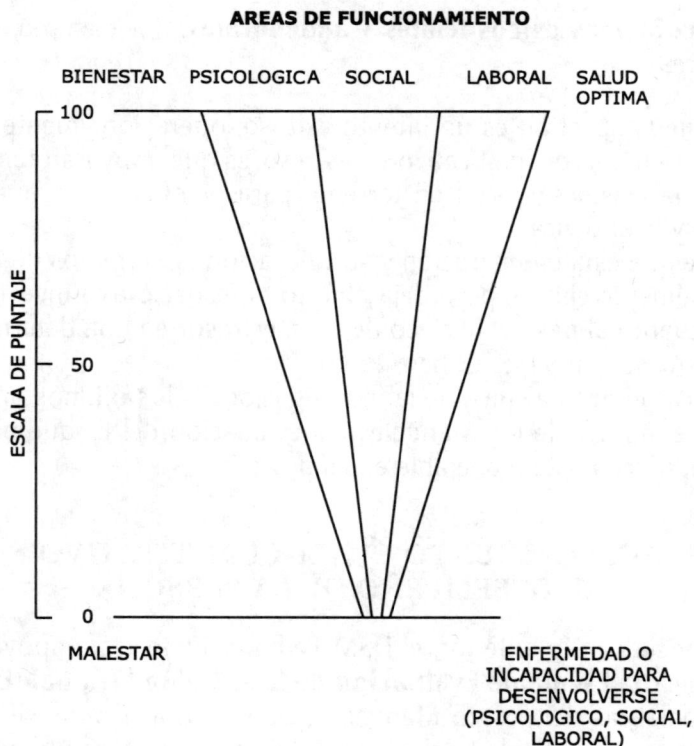

FIGURA 27
Medición cuali-cuantitativa del comportamiento global de una persona.
La escala de la izquierda indica los puntajes aproximados de la evaluación del comportamiento, orientada al bienestar o malestar. La base del triángulo comprende las áreas consideradas y muestra su descenso en relación a la escala de valores.

hacer un esfuerzo sostenido." Esta persona tendría uno de los más altos puntajes de la escala antes mencionada (90 a 100 puntos).

En un segundo caso, frente a una persona con **fatiga aceptable**, Madders la describe como sintiendo una fatiga razonable sin negarla, "pero adopta medidas para recuperarse lo antes posible. Sabe decir "no" algunas veces y no desperdicia su energía. Esta persona tendría un puntaje menor que el anterior, entre 80 y 90 puntos.

Sobre la base de lo descrito lo más probable es que las personas que presenten trastornos de adaptación se encuentren entre los 60 y 80 puntos de la escala, en tanto será menor el puntaje para aquellas personas que desarrollaron un E. Post-traumático (40 a 60 puntos).

VENTAJAS DE UNA MEDICION DE ESTE TIPO

Esta escala de los ejes mencionados nos merece varios comentarios positivos: tal cual sus autores lo manifiestan es una medida "**resumen**" de la situación global de un paciente, que ha probado tener mayor sensibilidad a los efectos de aplicación de diferentes tratamientos en pacientes de lo que lo hacen las mediciones solamente de dimensiones psicopatológicas, de uso muy común en siquiatría.

La escala representa para nosotros una aproximación nueva en medicina en cuanto considera explícitamente diversos aspectos de una persona enferma y de esta manera da una aproximación indirecta de la resistencia o vulnerabilidad de ésta a los estresores y la enfermedad en sí misma, es decir, es también una **evaluación de su capacidad adaptativa**.

Un aspecto aún más novedoso y de importancia insospechada, es que la escala considera sujetos sanos con "**salud mental positiva**" (valores de la escala entre 81 y 100 puntos), implicando una apertura hacia el estudio de aquellos **factores protectores** que hacen posible que algunas personas disfruten la vida más que otros. Por consiguiente, ofrece vías de estudio que traerán un progreso sostenido y mayores beneficios.

PARTE 3

CÓMO PREVENIR
Y MANEJAR EL ESTRES

Capítulo 8

Problemas del diario vivir y E

La vida se compagina con permanentes desafíos que interactúan con variadas amenazas. Estas poseen potencialidad estresante que podemos conocer. Por ejemplo: amenaza a la propia salud, a la de los seres más queridos, amenaza a las buenas relaciones familiares intra y extrahogareñas; amenazas al rendimiento escolar de los hijos, al buen entendimiento de los padres. Desafío ante la muerte de las personas que constituyen nuestro entorno afectivo y sentimental, donde el sentimiento representa lo más íntimo. Desafío de comunicación, desafío financiero que se torna cada vez más incisivo. Problemas considerados banales pueden llenar el diario vivir en forma adversa.
Nuestra postura en esta parte final del libro es la de entregar herramientas prácticas **que le puedan ser útiles en el manejo del E**. Dedicaremos este capítulo a los aspectos más generales de este manejo, pero no por eso menos importantes. Se trata de presentar al lector un conjunto de ideas que lo orienten en la vida para prevenir o minimizar el E. Para su creación ha sido esencial el aporte de otros autores (Jane Madders, 1984 y Stephen Covey, 1997).

1) La proactividad. Sus ventajas y sus limitaciones

Un concepto fundamental postulado por Covey es el de **proactividad**, que semeja mucho al de afrontamiento exitoso y adquisición de maestría que mencionamos en los capítulos anteriores.
Tal cual él lo plantea, se trata no sólo de tomar la iniciativa: "significa que, como seres humanos, somos responsables de nuestras propias vidas. **Nuestra conducta es una función de nuestras decisiones, no de nuestras condiciones**".
En la medida que asumamos que podemos actuar sobre nuestras circunstancias, aunque éstas sean adversas, podemos desarrollar o fortalecer nuestra capacidad de adaptación exitosa al medio. Los ejemplos abundan en este sentido: saber cómo tomar un buen empleo o cómo salir de la cesantía requieren de nuestra activa disposición para salir airosos. Sin embargo, discrepamos con Covey en su énfasis en una capacidad casi **totipotencial** de la persona para enfrentar los más duros desafíos; nuestra sospecha se basa en su constante referencia a Victor Frankl, quien fue uno de los pocos

sobrevivientes de los campos de concentración. Sin duda alguna, **él no fue un hombre promedio, sino sobresaliente en su capacidad de adaptación**. En este sentido nuestro libro se dirige al lector común y corriente, sea éste obrero o ejecutivo, hombre o mujer. Sin embargo, su idea básica sigue siendo una gran premisa: **"el hábito de la proactividad nos da la libertad para escoger nuestra respuesta a los estímulos del medio ambiente"**.

Desde la perspectiva del hombre promedio, la aproximación de Madders nos parece más realista cuando recomienda **conocerse a sí mismo y precisar cuánta tensión (estresores) puede tolerar**. Con esto ella hace hincapié en que debemos aprender a **administrarnos** conociendo nuestras fortalezas y debilidades, aprender a aceptar nuestras limitaciones y sacar ventaja de nuestras "**bondades**". También nos referimos a la capacidad de saber cuándo estamos fatigados y necesitamos descansar.

Estas ideas básicas pueden ser manejadas tanto por el vendedor de helados del estadio como por un ejecutivo de una empresa. En mi experiencia clínica (C.C.) dedico una buena parte del tiempo de la psicoterapia a ayudar al paciente a descubrir estas máximas y aplicarlas a sí mismo. También he quedado sorprendido al ver cómo una masajista en una situación de tope de ingreso económico en su trabajo habitual había resuelto su problema instalando un negocio en su casa y comprando una fotocopiadora para satisfacer la necesidad de fotocopias de una escuela cercana a su casa. De esta manera, frente a una situación de E. aceptada por ella como desafío, estimuló la creación de respuestas exitosas de solución del problema (maestría en el afrontamiento).

2) Habituación

"Acostúmbrese a la situación que le ocasiona estrés encarándola frecuentemente" (Madders, 1984).

He aquí otra idea sencilla, pero llena de sabiduría. Existen situaciones estresantes a las que nos vemos enfrentados diariamente, pero que con frecuencia preferimos evitar. Puede ser el manejo del presupuesto familiar o la interacción con una computadora; ambos son ejemplos de situaciones que nos conviene abordar y aprender a manejarlas. No significa convertirnos en expertos, pero sí en buenos usuarios.

La idea tiene proyecciones interesantes, como por ejemplo en el manejo de enfermedades crónicas tales como la diabetes, la hipertensión arterial, la esquizofrenia o ciertos cuadros depresivos. En la medida que los pacientes más se "avengan" con su situación, mejorará su disposición y manejo de la enfermedad. Cannon planteaba que la clave de la longevidad era tener una enfermedad crónica y hacerse cargo de ella. Es la sabiduría de saber llevar lo repetitivo (Cannon, 1945).

3) Factor tiempo

Creemos que una anécdota podrá introducirnos adecuadamente en este espinoso tema. A comienzos de 1998 recibí una computadora portátil de regalo que tenía 3 años de antigüedad y la peculiaridad de no tener una disquetera incorporada. Con gran entusiasmo e ignorancia en el tema me propuse resolver el problema. Recorrí varias tiendas de computación e incluso la empresa que trajo la computadora a Chile y descubrí con pesar que mi máquina estaba **obsoleta y que no había interés en arreglarla por su costo: en suma, había que desecharla**. Al comienzo sentí rabia porque no entendía la postura de los fabricantes y vendedores. Al final del mes de búsqueda reflexioné sobre el tema y me di cuenta de qué me había ocurrido: como psiquiatra trabajo con personas que tienen problemas de varios años de duración y que, no importando su gravedad, siempre es posible ayudarlos en algo. Más aún, las terapias toman tiempo, a veces años y nunca un paciente está obsoleto, por decirlo de alguna manera. Finalmente mi solución al problema fue comprar una computadora personal obsoleta, pero funcionando en buenas condiciones y con una disquetera incorporada.

No quiero con esto que se concluya que la computación está deshumanizada y también la sociedad. La anécdota apunta a la relatividad del concepto del tiempo y el enfrentamiento de dos posturas opuestas lo grafica. Podríamos decir que la moraleja es que **Ud. necesita saber cuál es su concepto del tiempo y ser tolerante con el concepto de tiempo de los otros**.

Veamos ahora el problema del manejo del tiempo. El factor tiempo tiene influencia básica en nuestra vida diaria. **La carencia de una adecuada programación** de la distribución del tiempo ocupacional, laboral, social y familiar constituye una presencia potencial de estresores. Se llega tarde, se teme no ver tal espectáculo al llegar fuera de horario; un atraso significativo deja a la familia preocupada, lo que a su vez incide en nuestra propia tranquilidad. El problema de la distribución del tiempo implica también el buen cálculo que será necesario invertir en determinada acción.

La condición primera es el hábito de la puntualidad, que debe adquirirse en la etapa escolar. El cálculo del tiempo es algo más personal y difícil de enseñar y tiene especial importancia en la ejecución de nuestros trabajos. El no calcular bien induce a usar horas extraordinarias que pueden complicar el diario vivir.

Insistiremos que el atraso en sí mismo es objeto de preocupación. Significa falta de consideración con la persona que nos está esperando. Según las circunstancias, la importancia del compromiso con las personas involucradas puede producirnos E agudo.

El siguiente cuestionario ayudará a fijarse más en el factor tiempo.

¿Había pensado en la importancia que tiene la buena distribución del tiempo?	sí	no
Al levantarse, ¿por apurado no programa el quehacer del día?	sí	no
¿Está tan absorbido por el trabajo que le molesta que lo llamen por teléfono?	sí	no
¿Piensa que el tiempo dedicado a su trabajo está por encima del de su familia?	sí	no
Su alta responsabilidad en el trabajo ¿justifica la total dedicación a él?	sí	no
¿Trabaja sin importarle las horas que destina al trabajo?	sí	no
¿Le sucede que generalmente está tan dedicado a su trabajo que no tiene tiempo para otra actividad?	sí	no
¿Tiende a preferir trabajar algunos domingos en vez de salir con su familia o amigos?	sí	no
¿Maneja su auto psicológicamente apurado, aunque no exista apuro?	sí	no

Cuente: Número de respuestas   sí _____
Número de respuestas   no _____

Si los sí superan a los no, empiece a estudiar la distribución de su tiempo y sus prioridades.

Un número mayor de sí, es un aviso que su labor diaria no considera una evaluación del tiempo con la discreción necesaria. Procede entonces pensar en prioridades que le ordenen en mejor forma las tareas y obligaciones diarias.

Ordenar las acciones y fijar prioridades es una labor que incide en la normalidad del quehacer diario.

Es conveniente hacer una reflexión sobre lo anterior con respecto a las exigencias que sobrepasan los niveles adecuados de actividad. Así, procede conocer que **sin prioridades estamos sin una fundación propia para nuestras actividades** y que el buen manejo del tiempo diario se ve amenazado. Vivir sobrecargado conduce a un mal control y a la producción de situaciones estresantes que poco a poco irán dañando la confianza en sí mismo. Es aconsejable que en estas situaciones se recurra a prácticas para el buen manejo del tiempo, delegando tareas de menor importancia.

Programado el tiempo, su distribución y prioridad de realización, evitaremos la peligrosa acumulación de diferentes estresores.

Reflexione Ud. sobre las siguientes preguntas:

¿Cuáles son las metas a largo plazo de la carrera profesional o del trabajo?

_____

_____

¿Qué es lo que se desea completar en el trabajo o fuera de él en un plazo corto (12 meses) que favorezca el avance de las metas a largo plazo?

_____

_____

¿Existe algún conflicto entre las metas a largo plazo y el trabajo diario?

_____

_____

¿Cuáles son las metas personales, en relación a reducir el tiempo dedicado a la familia, para poder perfeccionar la propia educación o para dedicarse a obras culturales o para actuar como voluntario en obras sociales?

_____

_____

¿Cuáles son los impedimentos para poder realizar las metas ideales recién mencionadas?

_____

_____

¿La dificultad para lograr las metas personales se centra principalmente en la falta de tiempo? ¿Es esto real después de examinar su uso y distribución de las diversas tareas?

_____

_____

¿Aparecen continuamente otros intereses que se oponen a los personales?

_____

_____

¿Cuántos roles desempeña en el día?
(marido/esposa) (ejecutivo/secretario/a) (padre/madre) (educador/corrector) (profesional).

_____

_____

¿Qué prioridad de intereses existe entre los diferentes roles?

_____

_____

¿Considera que maneja su tiempo en forma adecuada o puede mejorarlo?

_____

_____

Resumen

Establecer intereses y prioridades ayudará a evitar estreses corrientes; *la claridad en la proyección de las metas a largo plazo mejorará nuestra tolerancia ante algunas adversidades inmediatas.*

Finalicemos este punto citando nuevamente a Covey: *"Comenzar con un fin en mente hace posible que nuestra vida tenga razón de ser".*

4) Uso del tiempo libre

Un concepto muy ligado al anterior es el de la creación y uso del tiempo libre. Cuán frecuente es escuchar a personas de diversos estratos sociales quejarse de que no disponen de tiempo para realizar alguna actividad que los distraiga. Frente a estos comentarios creemos que es aplicable lo antes mencionado: **priorizando podemos disponer de tiempo para nosotros**. Parece existir en Chile una cultura del trabajo contabilizado por horas y no por resultados, lo que hace que sea "mal visto" trabajar bien en un período de tiempo más corto. Si sus circunstancias se lo permiten tiene por delante el desafío de crear un espacio para usted que le reportará grandes beneficios. El E. diario va mermando nuestra capacidad de responder adecuadamente a las nuevas exigencias; nuestro organismo necesita descanso y distracción para **"recargar baterías"**.

5) La Comunicación

La incomunicación resume el problema relacionado con el factor comunicación. Puede ocurrir entre marido y mujer, entre profesor y estudiante, entre jefe y trabajador. Se ha insistido en la importancia de la falta de comunicación interpersonal de los cónyuges. Es determinante hacer el esfuerzo de analizar las causas posibles que conducen a esta ausencia de conversación natural que debe existir entre personas que viven juntas.

¿Diferencias de caracteres? ¿Predominio de uno de ellos que conduce a la inhibición del otro? ¿Interferencias culturales o educacionales que no se conversan, pero que comandan una distinta tendencia al uso del tiempo libre y que lentamente conducen a la realización de actividades sociales separadas (a ella le gustan el cine, el teatro y la música; él prefiere la lectura y los deportes). Puede experimentarse E. cuando el asunto trasciende nuestra percepción habitual y un día vemos que es totalmente diferente a la percepción de otras personas. Esto debe aclararse para prevenir que el E. agrave la incomunicación Los expertos en E. están de acuerdo en la importancia que una comunicación alterada o deficiente tiene en la producción de E. En algunos casos los problemas de intercomunicación personal en el campo laboral o familiar alcanzan gran rol como estresores, donde una característica es su acción altamente amenazante y perturbadora, en especial cuando incide en forma continua, crónica. En el hogar, las relaciones entre padres e hijos deben ser de primera prioridad; lamentablemente ocurre con alarmante frecuencia que este objetivo no se consigue.

A la falta de comunicación por las demandas del trabajo, los padres pierden la posibilidad de tratar los temas o problemas que les interesan a los hijos, por medio de una relación adecuada, "**conversada**" **y cordial**. Los efectos en los hijos son estresantes al permanecer sin poder hacer sus preguntas y sentirse como desconocidos. Esta situación está agravada por la pasión informática que tienen los niños hoy en día. Si esto afecta el rendimiento escolar la reacción de E. puede verse reforzada por la incomunicación paternal.

Es bastante conocida la carencia de comunicación entre las parejas, que no sólo repercute en los hijos, sino que puede conducir a la ruptura del matrimonio. Se origina entonces un agente estresor psicológico de múltiples influencias. El conocimiento oportuno del factor "**mala comunicación**" puede favorecer la adecuada consulta con el psiquiatra, profesional preparado para ayudar en estos casos más complejos. Afortunadamente se ha desarrollado una gama de profesionales que pueden también brindar ayuda efectiva en estas situaciones. Queremos hacer especial mención de los consejeros, que constituyen una ayuda para los problemas más comunes que experimentan las parejas.

Un análisis bien llevado puede reconocer al estresor enmascarado y restablecer una comunicación que era defectuosa. El análisis busca las causas que han conducido al aislamiento interpersonal, a las diferencias de caracteres que pueden exagerarse por la falta de comprensión de aquellas diferencias, cuyo punto de partida puede ser el saber que son culturales o educacionales, y corregibles con la buena disposición o voluntad de ambas partes; el análisis respectivo puede conducir al buen entendimiento que favorezca tomar las medidas correctoras del caso.

Por nuestra parte, recomendamos algunas pistas ingeniosas (Bandler, 1988). Cuando usted se encuentre enfrascado en una discusión con su pareja y sienta que las posiciones son irreconciliables, trate de imaginarse que se coloca detrás de usted y observa qué está ocurriendo en la conversación (como si usted fuera un espectador); mírese a usted y sus argumentos y vea qué está tratando de defender y observe cómo reacciona la otra persona. Luego, imagínese estar detrás de su pareja y véase usted tratando de convencer a su pareja, pero colóquese ahora en la perspectiva de ella y analice cuán razonable le parece lo que usted está diciendo. Este sencillo ejercicio puede ayudarle a zanjar una discusión infructuosa.

Las críticas innecesarias a los padres, al esposo/a, celos infundados, malentendidos, también son elementos comunes que deben precisarse. Si resultara evitable, desaparecería el estresor, obteniéndose la normalidad.

Nos referimos a estas condiciones para comprender qué se quiere decir por no aclarar oportunamente los "**puntos conflictivos**" y que, repetimos, es hacer un buen análisis de las posibles causas.

Vale decir también que, en el principio del problema, una conversación honesta con el amigo verdadero, buen conocedor de las personalidades en juego, puede ayudar eficientemente a lo que el público llama sabiamente "**abrir los ojos**", como indicando ceguera ante lo obvio.

Por consiguiente, lo importante es consultar a tiempo, preferentemente a un profesional, ya que es la persona preparada para aconsejar sobre el problema de una comunicación imperfecta antes que llegue a transformarse en un problema sin solución. Lo importante es el tratamiento ultraprecoz del E. y de sus malos efectos.

6) Las relaciones sociales

Creemos que en este punto también Covey ha demostrado gran penetración conceptual en su libro, donde resume magníficamente lo esbozado por nosotros: "**Buscar comprender primero y después ser comprendido es la esencia del respeto a los demás**".

Una idea muy novedosa de este autor es la de pensar en términos de ganar/ganar en nuestras relaciones con los demás. De manera simplificada diremos que él postula que las relaciones debieran establecerse no sobre la base que para que yo gane alguien tiene que perder, sino "**cuando establecemos el balance entre nuestros objetivos y los objetivos de los demás podemos lograr el bien común**".

Siguiendo el mismo argumento anterior, ya Hans Selye había propuesto la "**filosofía de la gratitud**", que Madders ha resumido con sencillez: "El hombre es un animal social y necesita el apoyo de sus semejantes. Si sabemos ganar y recibir la gratitud de otras personas y, no menos importante, somos capaces de manifestarles nuestra gratitud, podremos compartir los problemas y afrontar el E.

7) El factor laboral

Las defectuosas relaciones con los compañeros de trabajo o con la directiva laboral pueden tener un manejo similar al presentado en el párrafo anterior. En relación a la directiva es importante entender las líneas programáticas que ésta ha planificado.

También lo es comprender la personalidad del jefe, que puede tener problemas, porque si se trata de una persona comprensiva e inteligente puede ensayarse conversar directamente con él.

Tanto en las relaciones laborales como en muchas otras pueden ser útiles los consejos de Covey: su **principio de la sinergia** en las relaciones es esperanzador como creación de una mente alerta. La sinergia, "**simplemente definida, significa que el todo es más que la suma de las partes... la esencia de la sinergia consiste en valorar las diferencias: respetarlas, compensar las debilidades, construir sobre las fuerzas**".

En los tiempos que corren, la tolerancia pareciera escapársenos, pero es al mismo tiempo la herramienta que puede humanizar el tiempo y transformarlo para nuestro beneficio.

Nadie que trabaje en equipo debiera dejar de saber que **"la mayor parte de los esfuerzos creadores son un tanto impredecibles. A menudo parecen ambiguos, imprecisos, de ensayos y error"** (Covey, 1997).

En una entrevista realizada al actor Anthony Hopkins ("El silencio de los inocentes"), éste comentaba cómo sus personajes le **salían intuitivamente y a tientas**, haciendo mención especial al psiquiatra sicópata que él representó y que le valió el premio Oscar de la Academia de Artes Cinematográficas.

8) El aspecto financiero o el dolor del bolsillo

Generalmente está relacionado con el **endeudamiento excesivo** debido a tentadoras facilidades para acceder al crédito financiero. Si no se procede ordenadamente ocurrirá que cada vez que se reciba el correo que trae el cobro mensual, se reaccionará con E. agudo ante la amenaza de la imposibilidad de poder cumplir (o de escapar de los acreedores).

Es obvio que debe hacerse un estudio sobre las entradas totales para poder concluir cuál es el % **de endeudamiento** razonable. Este estudio tiene que ser realista y discutido por las partes involucradas. Incluso debe reservarse una fracción para **imprevistos**, la que se vaya ahorrando mes a mes. De lo contrario no se podrá enfrentar una emergencia, como reparaciones de la casa o gastos inesperados por enfermedad. Todo esto tan esencial forma parte de la correcta administración financiera personal, indispensable para prevenir el E. Es parte de esta economía consumista considerar los respectivos seguros de casa, de auto y salud. La ciudadanía chilena enfrenta un muy rápido crecimiento, sin la correspondiente educación, encontrándose el ciudadano frente a variadas improvisaciones, y que al equivocarse, entra en nuevos problemas que constituyen estresores agregados que agravan la pesadumbre de la persona.

Enfrentado el problema catastrófico de perder el trabajo, la casa o marido/mujer, hay que consultar al experto profesional para encontrar la forma de sobrellevar la difícil transición, procurando ver una perspectiva futura que muestre la posibilidad de rehacer lo perdido.

9) Acepte la sensación de estrés y no deje que le alarme (Madders, 1984)

Aunque paradójica, esta es una postura obvia frente al febril mundo moderno: no podemos escapar al E. y sus costos serán mayores si tomamos una **postura alarmista**. La vivencia de una situación estresante nos proporciona una mayor comprensión de nosotros mismos y de los demás.

Una manera ilustrativa de entender este principio lo resumió "Mafalda", el personaje de Quino al decir que "lo importante es tomar lo artificial con naturalidad". De otra forma nos sería muy difícil desplazarnos en Metro y en otras invenciones humanas que han cambiado nuestro hábitat, pero que pueden ayudarnos a sobrellevar mejor la vida urbana.

10) Aprenda a disminuir su nivel de tensión (Madders, 1984)

Nuestra última recomendación se refiere a que debemos aprender a reconocer nuestro nivel de tensión y utilizar formas de disminuirlo. Existen varias y que serán vistas en el próximo capítulo, pero quizás una de las más usadas y popularizadas sea la de la **relajación muscular**, por el componente activo que posee y que parece acomodarse más a Occidente.

Capítulo 9

Medios para aminorar el E

RESPUESTA INMEDIATA
Y RESPUESTA TARDIA POST-E

Si se tiene presente que la emoción puede estar en la antesala del E. y que también es un **comportamiento automático**, con descarga de adrenalina que confiere cierta agresividad, debemos cuidar de **no responder al instante en una discusión**, pues nuestro razonamiento **estará cargado de emoción e irracionalidad**, especialmente si se ha llegado al borde del E. Hay que esperar calmarse, aunque esto cueste hacerlo, y después, ya algo normalizado, entonces actuar. Recuerde que los jugadores de fútbol mundialistas (Francia, 1998) se tomaban el pulso antes de lanzar un penal para minimizar el riesgo de errar. Por supuesto que para los casos de real amenaza psicológica **será necesario esperar un par de días**.

Otra cosa es la **emergencia física donde peligra la vida** y donde tenemos que reaccionar inevitablemente con el plan-programa automatizado del E. que hemos llamado "**primitivo**" (atacar o arrancar). Si el estresor fue de intensidad moderada, la **respuesta tardía** permite ordenar el pensamiento, reconocer objetivamente los puntos principales del proceso y lograr expresar con claridad los argumentos que se quieren exponer. Esto evitará haber emitido frases indeseadas o una desacertada contestación. La respuesta tardía tiene una especial recomendación para los casos en que debemos dar una clase o una conferencia, asistir a reunión o a una entrevista. A la descarga de adrenalina y emoción, tenemos la aceleración del corazón.

El tiempo que demora en dejar de sentirse la rapidez del pulso arterial y en lo posible en llegar el pulso a lo normal, servirá como una indicación de cuánto debemos esperar. Ayudará respirar profundo, pero reteniendo la espiración después de cada inspiración, pues esto induce el reflejo inhibitorio sobre el sistema de la adrenalina, ayudando el restablecimiento del pulso arterial. Téngase presente que en la aceleración del pulso la voz tiende a emitirse temblorosa.

MANEJO DEL CAMBIO
CUANDO ESTE ES ESTRESOR

El cambio o paso de una situación conocida a otra nueva, casi siempre desconocida en sus detalles, se menciona como generador de E. (amenaza ante lo desconocido). Nos parece que debe tenerse cuidado en su generalización. **Hay cambios que no producen E., los hay que significan desafíos que no alcanzan a ser estresores y los hay aquellos que efectivamente causan E.** Si una persona aprende a conducir automóvil desde muy joven y tiene la habilidad respectiva, el lograr pasar de peatón a automovilista puede ser emocionalmente positivo y estará desprovisto de E. Muy distinto es perder la casa por endeudamiento que no se pudo cumplir, más el cambio a un pequeño departamento. Al hablar de "**cambio inductor de E.**" nos referimos a esta última situación evidentemente estresante.

Otra situación con frecuencia mencionada es el **cambio laboral**. De nuevo deberá pensarse en las situaciones en que el cambio se lleva a cabo ¿es forzado o es un ascenso con mayor responsabilidad y con aumento de salario?

Cuando se trate de un cambio con ascenso, la respuesta será personal y dependiente de varias condiciones. El sentirse preparado para tomar el nuevo cargo que significa un progreso laboral evitará tener E. A lo más emoción simple. La averiguación acerca de la actividad que se va a desempeñar en el nuevo cargo puede prevenir tener una preocupación anticipada, germen de cierta ansiedad potencialmente estresante.

Nos centraremos en el cambio por **despido o por caducidad del contrato**. Dentro del proceso que sigue se ha hecho la síntesis de presentar la reacción a tan difícil situación. Se pueden distinguir tres etapas: **separación, ambigüedad y transformación** (Brewer, 1995). Nos referiremos a estas fases, todas exigentes en sus acciones adaptativas y donde la fase más desafiante es el cambio de hábito.

Separación de las ataduras adquiridas en el trabajo que se abandona

Es decir, dejar de lado la estrechez de ver sólo el tipo de trabajo efectuado y reflexionar con amplitud de miras, de acuerdo con la propia evaluación sobre la preparación y habilidades que uno dispone. Una segunda etapa será de **búsqueda** de un nuevo trabajo con el criterio flexible antes citado. Esta búsqueda tiene elementos interesantes de considerar: temor íntimo de no poder encontrar un empleo adecuado, temor reforzado por los comentarios de otras personas que en condiciones similares les costó tiempo llegar a encontrar un cargo, etc.

También las entrevistas sin resultado, a pesar de haber quedado con optimismo por el buen desempeño realizado durante tal entrevista. Como se anhela una rápida solución y pasan los meses sin tener una oferta en concreto, es comprensible que la persona se mantenga en un estado de continuo E.

En esta fase crítica, una normal autoestima y confianza en sí mismo amortigua el efecto estresante de la espera y del suspenso. Si esto no existe o se prolonga la espera es aconsejable recurrir al psicólogo especializado en problemas laborales.

Ya obtenido el empleo, una tercera etapa en el cambio corresponderá a la **adaptación** a la nueva situación, etapa de importancia decisiva y que exigirá variadas comprensiones: experiencia tanto en los conocimientos para realizar el trabajo como en la capacidad para relacionarse con los nuevos compañeros de trabajo (la obtención de una debida comunicación). Toma un tiempo para dejar de sentirse "**como pollo en corral ajeno**". Si esa espera se hace con paciencia, aunque lento se avanzará seguro en esta etapa tan importante. Se trata de aceptar que "**todo trasplante es difícil**", cual si fuera una variedad del fenómeno biológico del transplante de un órgano vital, donde el riesgo de rechazo puede producirse en esta Biología Social. Basta tener presente que todos los países tienen un porcentaje de la población en estado cesante, a veces en un % peligrosamente alto, para evaluar cuán importante es la situación social antes descrita como generadora de E.

EJERCICIOS FISICOS ANTI-ESTRES

Se los recomienda para combatir el E. que hemos llamado "**corriente**". El ejercicio bien realizado puede ser una ayuda efectiva. Al tomar la decisión de hacer ejercicio, conviene escoger cuál es el que mejor se adapta al **estilo de vida y constitución corporal de cada persona**. Se recomienda empezar con el ejercicio de menos exigencia para progresivamente ir elevándola bajo el control de las pulsaciones cardíacas y considerando **la edad, el peso corporal y el sexo**.

Al decidir seriamente sobre el empleo del ejercicio es recomendable tener la asesoría de un profesional de educación física que enseñe cómo controlar el pulso arterial en función del esfuerzo físico y dé su aprobación de la selección del ejercicio hecha por la persona.

El ejercicio moderado, **principalmente el caminar**, ayuda a disminuir el E., algo válido para las personas que sienten agrado con un determinado ejercicio. El deporte aligera al corazón, dilata las arteriolas, aumenta la irrigación del sistema muscular. Los cambios hormonales son fisiológicos cuando se practican bajo control y no llegan a producir los altos valores hormonales sanguíneos del E. Sin embargo, esto último puede provocarse si el ejercicio es tan excesivo o descontrolado que llega a causar angustia.

El ejercicio puede reducir el colesterol sanguíneo y al favorecer la producción del opioide natural **beta-endorfina**, ayuda a producir una **sensación de bienestar**.

La práctica de un ejercicio con regularidad puede incluso aminorar las posibles respuestas hormonales excesivas. En esta forma se convertirá en un **mecanismo regulador adicional del E.** En los casos con tendencia depresiva o ansiosa es aconsejable desplazar la preocupación central hacia el ejercicio. Asimismo, éste tiende a producir distracción y disminución de la sintomatología psicosomática en estas personas.

Resumen

En relación al efecto del cambio, juega un rol decisivo la circunstancia en la cual se lleva a cabo éste y si su naturaleza es intrínsecamente perturbadora. Debe estudiarse la forma en que se enfrenta el cambio. Como generalmente acontece, hay variados factores conducentes al E., según sean estos factores individuales o colectivos, los cuales determinarán la cantidad y calidad del E. Su conocimiento y comprensión ayudarán al buen manejo. El apoyo familiar es de importancia básica para superar las etapas difíciles del cambio.

LA RELAJACION Y EL E

¿Cómo entender que la relajación mental y muscular ayude a disminuir el E.? Esta es una pregunta clave que el lector debe hacerse y a la cual responderemos en los próximos párrafos. El predominio circunstancial del sistema adrenérgico (sistema de la adrenalina) sobre el sistema colinérgico (sistema de la acetilcolina) típico del E., puede neutralizarse por medio de la estimulación del sistema colinérgico, el cual al inhibir al sistema adrenérgico, restablece el equilibrio basal y proporciona una sensación de **bienestar**. Se trata de la relajación muscular unida a la relajación mental, porque lo muscular influencia lo mental. La relajación acompañada de respiraciones profundas logra obtener lo planteado.

Reconociendo el nivel de tensión

Lo primero que debemos reconocer es nuestro nivel de tensión para determinar el momento en que requeriremos relajarnos. Usted puede fácilmente reconocerlo en otras personas: cuando juguetean con su cabello enroscándoselo, cuando se sientan con las piernas torcidas, cuando contraen la mandíbula inferior, cuando esconden el pulgar en su mano o cierran sus puños quedando con los nudillos blancos (Madders, 1984).

Para reconocer la tensión muscular propia se han descrito varios métodos. Mencionaremos sólo uno de fácil realización: se trata de reconocer la tensión por el contraste entre la contracción y la relajación de los músculos.

Es un método que implica contraer y luego relajar un conjunto de músculos y "sentir" la diferencia que se produce; le recomendamos intentarlo apretando su puño con fuerza durante algunos segundos y luego soltándolo con lentitud y observando qué cambios nota entre ambas acciones. Puede hacer esto con cualquier grupo muscular de su cuerpo. En este punto nos parece importante destacar que es la tensión muscular constante, que generalmente pasa inadvertida, la que nos genera la sensación de cansancio.

Recomendamos la relajación muscular en especial porque es una práctica más fácil de iniciar que el intentar cambiar un estilo de vida tensionante arraigado en una persona.

Ejercicios de relajación muscular

Existe una infinidad de ejercicios de relajación, por lo que le sugerimos intentar con los que aquí se mencionan y buscar otros también con la premisa que éstos deben ser los que mejor se adapten a su forma de ser.

Una de las formas más sencillas de disminuir la tensión es a través de los **ejercicios de estiramiento (stretching)**, que actualmente están de moda. En palabras simples son ejercicios destinados a aumentar la flexibilidad de los músculos y disminuyen su tensión. Los deportistas los usan habitualmente como un modo de relajarse y evitar daños en su musculatura.

Se pueden hacer de pie y consisten básicamente en estirar grupos musculares alternativamente: pruebe Ud. estirando su brazo hacia arriba como intentando tocar el techo, pero sin un esfuerzo desmedido, sino como un gato que se despereza; cuente hasta 9 y luego deje caer su brazo y repítalo con el otro de la misma manera. Finalmente hágalo con ambos brazos. Sienta las diferencias antes y después de hacer el estiramiento y tenga presente que "**la relajación no se ocupa de 'hacer', sino de 'sentir' y 'no hacer' (Madders, 1984)**.

Un segundo grupo de ejercicios son los de "**soltura**", que se refieren a un trabajo muscular suave, que tienden a descontraer los músculos y mejorar su irrigación. Usted puede hacerlos en su oficina o trabajo sin mayor dificultad. Un sencillo ejemplo es el ponerse de pie y dejar que los brazos cuelguen hacia abajo, para luego mecerse ligeramente a fin de que se muevan los brazos. Después deje que poco a poco se queden quietos.

Un variación de este mismo tipo de ejercicios son **las sacudidas** de los nadadores; para esto lo que Ud. debe hacer es simplemente sacudir un brazo con un movimiento rotatorio de la muñeca hasta el hombro, a fin de que tiemblen los músculos del brazo; esto sólo se logra si el brazo cuelga pesadamente hacia abajo.

Puede repetir el ejercicio con las diferentes partes de su cuerpo: brazos, piernas, cabeza y si lo desea hacerlo con todo su cuerpo saltando en el aire ("**la sacudida del tontito**").

Otro ejercicio que es útil de conocer y practicar es el de **mover el cuello** para atenuar la tensión que se genera frecuentemente en esa zona. Es sencillo de realizar y consiste en poner la cabeza centrada sobre sus hombros para luego girarla hacia un lado como intentando tocar un hombro con su barbilla, manteniendo el hombro recto.

Después hágalo hacia el otro lado. Continúe flexionando la cabeza hacia adelante y hacia atrás con suavidad. También puede complementar este ejercicio con el alzamiento de los hombros sobre la cabeza para luego soltarlos como si hubiera perdido las fuerzas para sostenerlos, es decir, los deja caer hacia abajo.

Masaje personal

La técnica del masaje está adquiriendo gran popularidad en nuestro medio y eso la ha hecho ser asequible a un grupo cada vez más numeroso de personas. Un buen masaje hecho por un experto es algo que permite minimizar o incluso eliminar contracciones musculares que se acumulan en nuestro cuerpo. Sin embargo, si no le es fácil acceder a este placentero ejercicio queremos sugerirle algunas formas de masaje personal (modificado de Madders, 1984). El masaje personal puede realizarlo con sus manos o con algún aparato eléctrico de los disponibles ahora en el mercado. Si sólo dispone de sus manos deberá tener presente que éstas son poderosas herramientas y que debe usarlas con cuidado para no provocarse dolor en las zonas a masajear.

Tenga presente siempre que la meta a alcanzar es mejorar la circulación de la zona afectada. Puede iniciar sus masajes por la frente cuando se trate de suavizar los "músculos de la preocupación": **"dése un masaje desde el centro de la frente hacia las sienes. Pásese las manos, una primero y otra después, desde las cejas hacia el nacimiento del pelo"**.

Para aliviar la tensión de su cuello pueden ser suficientes los ejercicios ya descritos. Si no lo fueran le recomendamos que con las puntas de sus dedos localice los puntos dolorosos y los oprima con suavidad y los suelte de manera repetida, con movimientos circulares, pero sin frotar la piel *(figura 28)*.

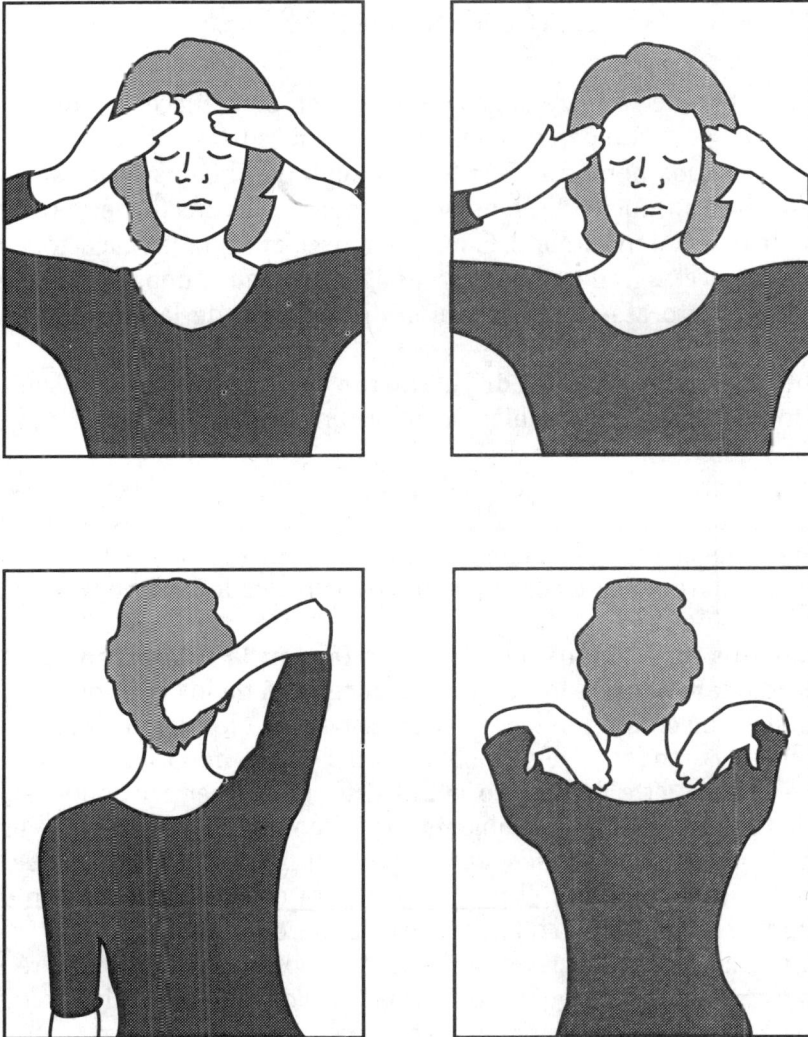

FIGURA 28

Técnicas de masaje personal.
El masaje suave sobre el rostro (dibujo superior) permite distender la musculatura contraí-
da. La compresión manual sobre los músculos (dibujo inferior) mejora la irrigación y favo-
rece la recuperación de la fatiga.

Una técnica que pareciera tener su origen en Oriente es la de masajearse las manos, específicamente el grupo de músculos que está entre los dedos pulgar e índice. Da buenos resultados para atenuar la tensión del cuello y la cabeza y puede hacerlo mientras conversa con alguien y no llamará la atención.

RELAJACION POST-ESTRES

En la situación que se sigue al E. agudo, pueden permanecer algunos múscu-los en una contracción parcial mínima. Esto es más frecuente en los músculos del cuello y de los hombros. Esta tensión muscular hemos dicho se asocia a sensación de cansancio. Tal tensión muscular es el efecto periférico de un remanente de tensión cerebral. El masaje muscular logra la relajación muscu-lar con efecto retrógrado a nivel cerebral, lo que causa una rápida sensación de bienestar. Esto a su vez causa una disminución de la tensión del post-estrés.

Mediante el **ejercicio mental de relajación** se puede lograr algo similar a lo obtenido por el masaje muscular. Se puede actuar desde el centro a la perife-ria o viceversa.

De aquí el interés por los métodos de relajación muscular: desde el yoga de la India hasta los métodos ayudados por video o instrumentos especiales. Se aconseja ensayar los que tengan más aceptación según sea la predilección individual, para quedarse con aquel que más le ayude. Muchos rechazan los medios tecnológicos.

Aconsejamos preferir los métodos que inician la relajación mental ce-rrando los párpados. Esto desconecta al cerebro de los múltiples estímulos ambientales que entran por la vía óptica. Cerrar los ojos es cerrar las ventanas del cerebro, es tender a dejarlo liberado del efecto de la luz y colocarlo en descanso. Esta suerte de **reposo cualitativo** puede perfeccionarse si se eli-minan los ruidos del medio ambiente. Descolgamos el teléfono y se libera al cerebro de los estímulos inadecuados que ingresan por la vía auditiva.

Cerrar los ojos nos parece el mejor paso para ensayar la relajación. A esto debe unirse la práctica de soltar la musculatura corporal.

Uno de los autores (L.V.F.) usa el siguiente sencillo procedimiento: cierre de los ojos con contracción suave de los párpados. Previamente se ha escogido el sillón confortable y la posición más cómoda del cuerpo, es decir, con la ma-yor comodidad, semirrecostado y con los brazos sueltos al máximo. Al mismo tiempo se relaja la musculatura de las piernas y se piensa que uno se va des-lizando, como "**hundiéndose en el agua**". Después de mantenerse así por algunos minutos se espera con los ojos cerrados. Al terminar, aunque lo que se siente no es propiamente bienestar, sí se percibe una sensación de paz, de alivio, de tranquilidad. Cuando se ha controlado la presión arterial, se ha co-rroborado que desciende *(figura 29)*.

Esto se debe practicar cuando haya cansancio por exceso de trabajo mental. Durante la relajación conviene efectuar algunas respiraciones profundas con máxima espiración, porque esta respiración estimula al sistema colinérgico y

FIGURA 29

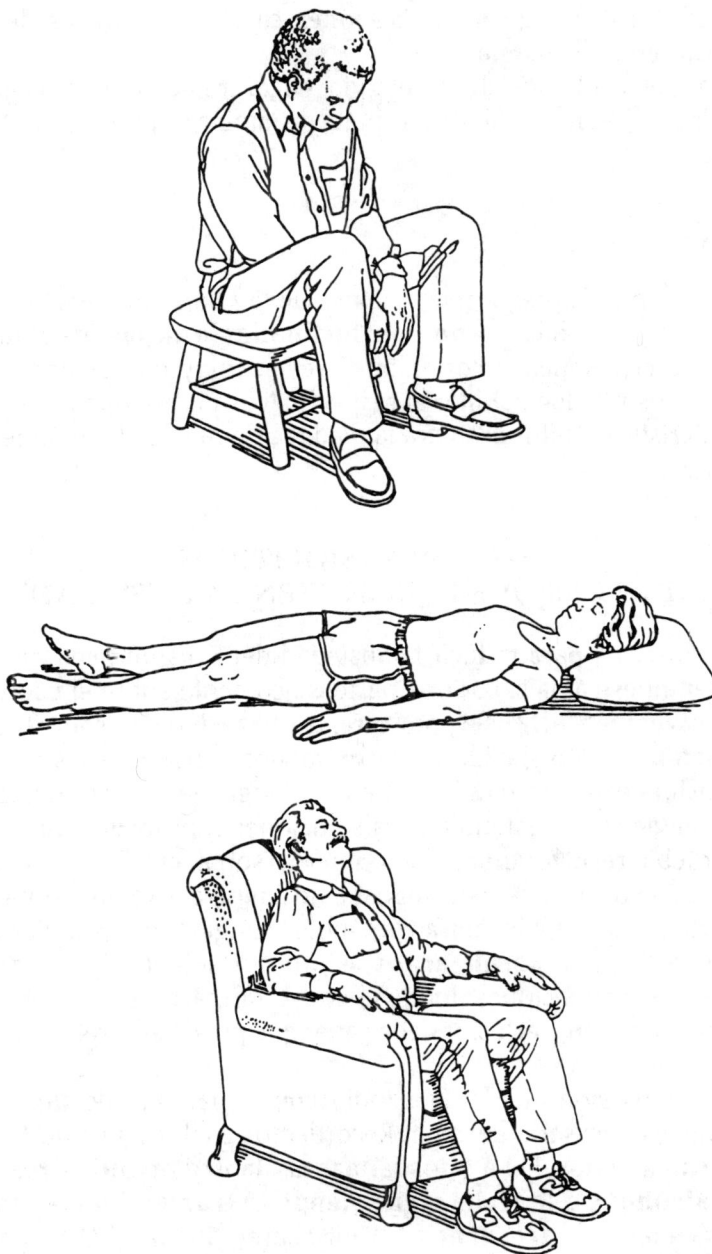

Diferentes posiciones que facilitan la relajación y la obtención de bienestar.

puede ayudar a disminuir las pulsaciones cardíacas, a través de un reflejo bien descrito en la fisiología.

Cualquiera que sea la posición preferida, encontramos que la relajación ayuda para aliviar la tensión laboral o para disminuir el período de tensión del post-estrés.

Meditación

La meditación puede practicarse después de la relajación muscular. En nuestra experiencia, los chilenos **no son inclinados a la meditación**. Les falta tema y paciencia. Aquellos con hábitos religiosos y que gustan de recordar pasajes bíblicos pueden meditar al respecto. Nos parece que los asiáticos poseen características culturales para la meditación que los latinoamericanos no poseemos.

USO DE ANSIOLITICOS
(DROGAS QUE DISMINUYEN LA ANSIEDAD)

El uso de fármacos para reducir la ansiedad del E. es un tema de crucial importancia en nuestro país. Por una parte, se comenta sobre el uso y abuso de las benzodiazepinas (BDZPs) y, por otra, la utilización de productos naturales que tendrían un efecto similar, pero con menos consecuencias negativas.

Nuestra postura al respecto es la siguiente: la angustia que naturalmente acompaña al E. puede ser un estímulo para solucionar el problema que se enfrenta: dar una prueba, resolver un conflicto interpersonal, etc.

Sin embargo, en ocasiones, esta angustia nos genera insomnio (dificultad para dormir), problemas de concentración, molestias gastrointestinales diversas o incluso puede llegar a "**paralizarnos**" en nuestro intento de responder al desafío. Es en estas situaciones donde el apoyo farmacológico cobra relevancia y tiene su justificación y el lector debe saber qué puede esperar de los fármacos a usar.

Tenemos la impresión que las benzodiazepinas han sufrido un desprestigio excesivo que es necesario corregir. Recordemos cuáles han sido las opciones utilizadas con anterioridad a estos fármacos: "**la droga antiestrés más antigua es el alcohol y a la fecha sigue siendo el tranquilizante inespecífico que se usa con más frecuencia**" (Paul Lehrer, 1993). El Dr. Armando Roa decía que era el mejor ansiolítico, pero con el peligro del descontrol.

No entraremos aquí en detalles acerca de los perjuicios que esta droga provoca porque creemos que el lector tiene alguna familiaridad con ellos. Más bien queremos continuar en nuestra perspectiva histórica diciendo que la era moderna en el control de la ansiedad se inició con los barbitúricos (1903). Si bien estos fármacos cumplieron un rol significativo en mejorar el control de la ansiedad, tienen ciertos riesgos significativos: son capaces de deprimir la actividad respiratoria de la persona que los usa; el cese abrupto de su uso puede generar reacciones adversas casi letales y son claramente adictivos y pueden causar la muerte en sobredosis.

Es por esto que el advenimiento de las benzodiazepinas a partir de 1957 nos introdujo a una nueva era en el manejo farmacológico seguro de la ansiedad. En la tabla 3 se resumen las ventajas que exhiben las benzodiazepinas respecto a los anteriores fármacos ansiolíticos.

TABLA 3

Ventajas comparativas de las benzodiazepinas (BDZPs).
(Modificado de Alan Gelenberg, 1997)

1. Son tan eficaces como otros fármacos ansiolíticos, siendo significativamente mejor que los antihistamínicos, y está **mejor establecida su eficacia** que cualquier otro sedante en el tratamiento de la ansiedad.

2. Las BDZPs se asocian con **menor sedación** en dosis ansiolíticas que otros fármacos de similar perfil de acción.

3. También han demostrado tener **menos tendencia a generar abuso, tolerancia y síntomas de privación** que otros sedantes como los barbitúricos.

4. Tienen **menos riesgo** de estimular las enzimas microsomales hepáticas, y por lo tanto, **menos posibilidad de tener interacción** con otras drogas que los propanedioles y los barbitúricos.

5. Tienen un **índice terapéutico extremadamente alto**; son, por lo tanto, fármacos de baja toxicidad, a menos que se usen asociadas con alcohol.

Por estas razones, las BDZPs son una de las buenas alternativas de medicación en el tratamiento de la ansiedad asociada al E. La elección de una BDZP sobre otra es una cuestión sujeta a criterio médico y a las características individuales del paciente. A modo de sugerencia diremos que en general en el E. agudo se puede requerir usar estos fármacos por 1 a 3 semanas, en cuyo caso las BDZPs de vida media corta como el Alprazolam (Zotrán M. R.), introducido en Chile a comienzos de los '80, tiene la ventaja de producir menos sedación y menos efecto de **"despertar con la caña mala"** que las BDZPs de acción más prolongada.

Si se requiere el uso de estos fármacos por tiempos mayores, estas diferencias se atenúan. El anciano es una excepción a esta regla dado que metaboliza (inactiva) las drogas más lentamente y se preferirá usar en él BDZPs de vida media corta.

Finalmente y de la mayor importancia es el hecho que la restricción en la venta de estos fármacos ha significado la posibilidad de un manejo racional de ellos por parte de los pacientes, lo que minimiza los riesgos asociados a su uso, en especial la dependencia síquica y fisiológica.

Conclusión

El objetivo de nuestro libro ha sido presentar una panorámica de las ideas más actuales sobre el E., sus consecuencias y las formas de enfrentarlo. El lector deberá juzgar si hemos tenido éxito en nuestro esfuerzo.

Esperamos sinceramente que el presente libro pueda ser de uso práctico para quien recurra a él. Durante su redacción nuestro eje central de conducción fue que una mayor comprensión de lo que realmente es el E. podría proporcionar al lector un visión más profunda y clarificadora del fenómeno y generar sus propias estrategias de acción para enfrentarlo.

Queremos terminar este libro recalcando que tenemos una visión optimista frente al tema. Tanto la experiencia clínica de uno de los autores (C.C.) como los hallazgos encontrados y los conceptos desarrollados por el otro (L.V.P.), especialista en e tema, permiten abrigar esperanzas de que el futuro será promisorio en este campo.

Finalmente, queremos ratificar las ideas expresadas por otros autores en torno al optimismo que podemos tener. El lector no debe olvidar que si bien todos traemos una constitución genética que determina una cierta vulnerabilidad y aún cuando no podamos modificar un ambiente desfavorable, "**todos somos capaces de aprender a adaptar nuestras reacciones al medio**" (Jane Madders, 1984).

Dicho en palabras de Stephen Covey: "una persona proactiva puede llevar dentro de sí su propio clima psíquico o social. Podemos ser felices y aceptar lo que está más allá de nuestro control, mientras centramos nuestros esfuerzos en las cosas que podemos controlar".

Bibliografía consultada

American Psychiatric Association. *Diagnostic and Statistical Manual of Mental Disorders*, 4a. edición Washington, D. C., 1994.

Auerbach, Stephen M.; Gramling, Sandra E. *Stress Management. Psychological Foundations*, 1a. edición, EUA, Prentice-Hall Inc., 1998, 272 páginas.

Avison, William R. & Gotlib, Ian H. *Stress and Mental Health. Contemporary Issues and Prospects for the future*, Nueva York, Plenum Press, 1994, 344 páginas.

Bandler, Richard. *Use su cabeza para variar. Sub-modalidades en Programación neurolingüística*, 1a. edición, Chile, Editorial Cuatro Vientos, 1988. 141 páginas.

Barlow, D. H. *Anxiety and its disorders: The nature and treatment of anxiety and panic*, Nueva York, Guilford Press, 1988.

Brewer, Kristine C. *Stress Management Handbook*, Kansas, National Press Publications, 1995, 76 páginas.

British Medical Association Board of Science and Education Discussion Paper. "Deprivation and Ill-Health", Londres, British Medical Association, 1987, 55 páginas.

Cannon, W. B. *The wisdom of the Body*, W. W. Norton & Company Inc., Nueva York, 1939.

Cannon, W. B. *The way of an Investigator*, W. W. Norton & Company Inc., Nueva York, 1945.

Cohen, Sheldon, Kessler, Ronald C., Underwood, Lynn. *Measuring stress. A guide for health and social scientists*, EUA, Oxford University Press, 1995.

Cotton, Dorothy H. G. *Stress Management: An integrated approach to therapy*, Nueva York, Brunnel/Mazel Inc., 1990, 264 páginas.

Covey, Stephen R. *Los siete hábitos de la gente altamente efectiva*, Buenos Aires, Argentina, Paidós, 1997, 435 páginas.

Darwin, Charles. *The expression of the emotions in man and animals*, Londres, Oxford University Press, 1998, 509 páginas.

Endicott, J.; Spitzer, R.; Fleiss, J.; Cohen, J. "The Global Assessment Scale. A Procedure for Measuring Overall Severity of Psychiatric Disturbance", Arch. Gen. Psychiatry, 1976, Junio; 33: 766-771.

Gelenberg, Alan & Bassuk, Ellen. *The practinioner's guide to psychoactive drugs*, 4a. edición, Nueva York, Plenum Medical Book Company, 1997, 536 páginas.

González de Rivera y Revuelta, J. L. *El método epidemiológico en salud mental*, Barcelona, Masson S. A., 1993, 444 páginas.

Gray, J. A. *The neuropsychology of anxiety: an enquiry into the functions of the septohippocampal system*, Oxford, Oxford University Press, 1982.

Holmes, T. H.; Rahe, R. H. *The social adjustment rating scale*, J. Psychosom, Res. 11: 213, 1967.

Houssay, B. A.; Biasotti, A.; Di Benedetto, E.; Rietti, C. T. "Accion diabetogéne des extraits antérohypophysaire chez le chien", Compr. R. Soc. Biol., París, 1932; 112: 494-7.

Kanner, A. D.; Coyne, J. C.; Schaefer, C. & Lazarus, R. S. *Comparison of two modes of stress measurement: Daily hassles and uplifts versus major life events*, Journal of Behavioral Medicine, 1981, vol. 4, 1-39.

Kaplan H.; Sadock, B. *Pocket Handbook of Clinical Psychiatry*, 2a. edición, EUA, Williams & Wilkins, 1996, 406 páginas.

Kaplan H.; Sadock, B.; Grebb, J. *Synopsis of Psychiatry*, 8a. edición, EUA, Williams & Wilkins, 1998.

Knapp, Mark L. La comunicación no verbal. El cuerpo y el entorno, 5a. edición, Barcelona, Paidós comunicación, 1995, 360 páginas.

Lazarus, R. S. & Folkman, S. *Stress, appraisal, and coping*, New York, Springer, 1984.

Lehrer, Paul M. & Woolfolk, Robert L. *Principles and Practice of Stress Management.*, 2a. edición, Nueva York, The Guilford Press, 1993, 621 páginas.

Lev, R.; Molot, M. D.; Mc Namara, J.; Stremple, J. F. *Stress ulcers following war wounds in Vietnam. A morphologic and histochemical study*, Lab. Invest., 25: 491, 1971.

Lolas, F. "Psicofisiología de la ansiedad", en Silva H. y Carvajal C., *Progresos en Psiquiatría Biológica*, 1a. edición, Santiago de Chile, Ediciones Universidad Católica de Chile, 1990, 271 páginas.

Lolas, F. *Enciclopedia Iberoamericana de la Psiquiatría,* Buenos Aires, Editorial Médica Panamericana, 1995.

Madders, Jane. *Estrés y Relajación. Guía Práctica,* México, Fondo Educativo Interamericano, 1984, 119 páginas.

Mason, John W. *A historical view of the stress field,* Parte 1, Journal of.Human Stress, marzo 1975, 6-12.

Mlot, Christine. *Unmasking the emotional unconscious,* Science, 1998 mayo, vol. 280: 1006.

Muller, Andrés. "Cómo afecta el estrés del cautiverio a la reproducción de los animales", Seminario Bibliográfico, Facultad de Ciencias Biológicas, Departamento de Ciencias Fisiológicas, Programa de Doctorado, 1997.

Organización Panamericana de la Salud. *Clasificación Estadística Internacional de Enfermedades y Problemas Relacionados con la Salud,* 10a. revisión, 1992. Publicación Científica N° 554.

Rioseco, P.; Escobar, B.; Vicente, B.; Vielma, M.; Saldivia, S.; Cruzat, M.; Medina, E.; Cordero, M. L.; Vicente, M. "Prevalencia de Vida de Algunos Trastornos Psiquiátricos en la Provincia de Santiago", Rev. Psiquiatría, 1994, oct.-dic., vol. 4: 186-193.

Sapolsky, Robert M. *Why zebras don't get ulcers. A guide to stress, stress-related diseases, and coping,* 4a. reimpresión, W. H. Freeman and Company, 1997, 368 páginas.

Selye, Hans.; Mc Keown, I. "Studies on the physiology of the materna placenta in the rat", Proc. Roy Soc., Londres, Series B, 119: 1, 1935.

Selye, H. *The general adaptation syndrome and the diseases of adaptation,* J. Clin, Endocrinolog., 6: 117, 1946.

Selye, H. *The stress of Life,* McGraw-Hill Book Company, Toronto, 1956.

Selye, H. *Stress without distress,* J. B. Lippincott Co., Nueva York, 1974.

Semionovich, Iván. *Stress. Las tensiones de la vida moderna y sus graves secuelas,* El Correo de la Unesco, octubre 1975, año XXVIII, páginas 5-9.

Slipak, Oscar. *Concepto del estrés,* 1a parte "Alcmeón", vol. 1, N° 3, págs. 355-360, Buenos Aires, 1991.

Taylor, K. W.; Vargas, L.; Randle, P. J. *A pituitary-dependent inhibitor of glucose uptake by muscle in protein fractions of human plasma*, Lancet 1960; 1: 1313-5.

Trucco, Marcelo y Vargas, Luis. *Stress: salud y trabajo en la sociedad contemporánea*, Santiago de Chile, Ediciones Universidad Católica de Chile, 1983.

Trucco, M. "Estrés Postraumático", en *Enciclopedia Iberoamericana de Psiquiatría*, Primera edición, Argentina, Editorial Médica Panamericana, 1995, tomo II: 556-58.

Ursin, H.; Baade, E.; Levine, S. *Psychobiology of Stress*, Academic Press, Nueva York, 1978.

Vargas, L. *Stress*, Primera edición, Santiago de Chile, Ediciones Nueva Universidad, Universidad Católica de Chile, 1977, 46 páginas.

Vargas, L. "Componente psicológico del estrés en seres humanos", Parte I, Rev. Med. Chile, 109: 441-451, 1981.

Vargas, L. "Componente psicológico del estrés en seres humanos", Parte II, Rev. Med. Chile, 109: 533-541, 1981.

Vargas, L. "El concepto de estrés hoy", Rev. Med. Chile, 110: 1037-1045, 1982.

Vargas, Luis. "Bases neuroendocrinas del stress psicológico", en *Aspectos Psicosomáticos de enfermedades comunes*, Dr. Alejandro Goic, Series Clínicas Sociedad Médica de Santiago (Chile), vol. 1, N° 2, diciembre, 1982.

Vargas, L. "Bases fisiológicas del estrés y su proyección a la medicina clínica", en *La fisiología como ciencia aplicada*, 1a. edición, Santiago de Chile, Editorial Universitaria, 1984, 128 páginas.

Vargas, Luis. "Entorno íntimo y psiconeuroendocrino del estrés crónico", Rev. Chilena Neuropsiquiat., 22: 259-264, 1984.

Vargas, L. "Discusión del estrés y su proyección a la patología", Acta Physiol, Pharmacol. Latinoam., 38 (1988) 369-375.

Vargas, Luis. "Mecanismo del estrés", Rev. Med. Chile,. 117: 922-929, 1989.

Vargas, Luis. "Estrés y bloqueo farmacológico", Rev. Terapia Psicol. (Santiago) 9: 13-19, 1990.

Vargas, Luis. "Relato histórico de mi investigación en el área de la Diabetes Mellitus", Bol. Esc. Med. P. Univ. Cat. Chile, 21: 62-71, 1992.

Vargas, L. "Visión y reflexión sobre el estrés, derivadas de la investigación, con miras a una definición", Anal. Acad. Nac. Cs. Ex. Fís. Nat., Buenos Aires, tomo 46, 1994.

Vargas, L.; Kawada, M. E.; Bazaes, S.; Karplus, P. A.; Faerman, C. H. *Insulin antagonism: A new role for human serum transferrin,* Horm. Metab. Res. 30 (1998) 113-117.

Walton, Barbara. *Community Health Nursing. Concepts and Practice,* 1a. edición, Little, Brown and Company, Boston, 1981.

Indice

E47/E1/00

Esta edición se terminó de imprimir en diciembre de 2000. Publi-
cada por ALFAOMEGA GRUPO EDITOR, S.A. de C.V. Apartado
Postal 73-267, 03311, México, D.F. La impresión y encuadernación
se realizaron en DESARROLLO GRAFICO EDITORIAL, S.A. de C.V.
Municipio Libre No. 175 Col. Portales, Benito Juárez, 03300,
México, D.F.